北京冬奥语境下
大众冰雪运动参与报告

李树旺　著

吉林科学技术出版社

图书在版编目（CIP）数据

北京冬奥语境下大众冰雪运动参与报告 / 李树旺著
. -- 长春：吉林科学技术出版社，2019.8
ISBN 978-7-5578-5840-7

Ⅰ.①北… Ⅱ.①李… Ⅲ.①冰上运动—研究—中国
②雪上运动—研究—中国 Ⅳ.① G862 ② G863

中国版本图书馆 CIP 数据核字（2019）第 167339 号

BEIJING DONGAO YUJING XIA DAZHONG BINGXUE YUNDONG CANYU BAOGAO
北京冬奥语境下大众冰雪运动参与报告

著　　　李树旺
出 版 人　李　梁
责任编辑　李思言
封面设计　马静静
制　　版　北京亚吉飞数码科技有限公司
开　　本　787mm×1092mm　1/16
字　　数　126 千字
印　　张　9.75
印　　数　1—5 000 册
版　　次　2020 年 3 月第 1 版
印　　次　2020 年 3 月第 1 次印刷

出　　版　吉林科学技术出版社
发　　行　吉林科学技术出版社
地　　址　长春市人民大街 4646 号
邮　　编　130021
发行部传真 / 电话　0431-85635176　85651759　85635177
　　　　　　　　　　85651628　85652585
储运部电话　0431-86059116
编辑部电话　0431-85635186
网　　址　www.jlsycbs.net
印　　刷　三河市铭浩彩色印装有限公司

书　　号　ISBN 978-7-5578-5840-7
定　　价　60.00 元

序

    此书是中国人民大学人文北京(人文奥运)研究中心所承接的北京哲学社会科学规划办公室的年度报告项目"北京冬奥语境下大众冰雪运动参与年度报告"的研究成果。

    此报告以北京居民的冰雪运动参与为研究主题,研究内容包括北京居民冰雪运动参与概况(参与率、参与频率、参与项目、时间及地点)、冰雪运动参与背景(参与群体与非参与群体的社会背景比较,包括性别区分、年龄区分、经济背景区分、教育背景区分)、冰雪运动参与影响因素(影响居民是否参与冰雪运动的内在机制)、冰雪运动需求(居民参与冰雪运动社会需求,包括场馆、设施、师资、组织、服务等)、主办冬奥会的社会心理(社会支持、冰雪运动知识、技能),等等。在研究进程中,课题组应用了资料研究法、问卷调查法、专家访谈法、逻辑推理法等研究方法,主要探讨了在北京主办冬奥会的背景下,北京居民冰雪运动参与的模式、影响因素以及提高北京居民参与冰雪运动的可行性途径,为北京成功举办冬奥会提供数据支撑和理论基础。

    特别值得一提的是,本次调查采用了比较规范的抽样框,抽样涉及北京市东城、西城、朝阳、海淀、丰台、昌平、大兴、房山、平谷、顺义 10 个区,一共抽取 1 250 个样本。经过对数据的统计学分析认为,北京居民非常喜爱冰雪运动,支持北京联合张家口主办冬奥会,但也存在冰雪运动参与不足和参与层次偏低等问题,在普及冰雪运动过程中,还存有"运动参与的氛围相对薄弱,冰雪文化建设有待加强""校园内普及不足,冰雪运动的'体教结合'还需完善""家庭内的冰雪运动参与氛围不足,代际传承仍是短板""场地设施不完备,硬件资源的社会需求未得到满足"等现实性或制度性困境。针对上述问题,此研究也提出了"推进冰雪运动进校园""加强便宜性冰雪运动场地设施建设"等政策建议,以期推动冰雪运动的普及和开展。

在理论上,该研究从综合性的学科视角,在多学科理论交叉融合的基础上,梳理普及冰雪运动的理论架构,并在基础理论应用的经验总结方面做一些有益尝试。同时,根据先前的研究经验,结合冰雪运动特性,从社会学和人口学的基础理论出发,尝试构建适合我国国情的"冰雪运动参与"指标体系,为后续的实证研究提供成熟的调查工具,为冰雪运动普及提供一个可操作化的、具有社会学理论价值的测量指针,将冰雪运动普及的研究引向深入。

韩国平昌冬奥会闭幕式上"北京八分钟"的精彩表演意味着冬奥会正式进入了"北京周期",北京将成为世界上首个"双奥城市"。在13亿国人中传播奥林匹克文化,推动冬季冰雪运动项目的普及,是北京冬奥会利益相关方的重要愿景,也必将成为北京冬奥会留给中国、留给主办城市的珍贵冬奥遗产。在此重要的历史背景下所进行的研究及相关成果具有特殊的意义。是为序。

李树旺

2019 年 6 月

目　录

1　前　言

1.1　研究背景及问题提出

1.1.1 研究背景

申办 2022 年第 24 届冬奥会是党中央和国务院做出的重大战略决策,对于促进我国冬季冰雪运动的开展和公共健康事业的发展具有重要意义。2015 年 7 月 31 日,北京、张家口联合申办冬奥会成功,北京再次进入了"北京奥运时间",并即将成为第一个举办夏季和冬季奥运会的"双奥城市"。2022 年,北京将为世界奉献一场怎样的冬奥盛宴呢?

2014 年 12 月,国际奥委会主席巴赫在为《奥林匹克 2020 议程》(简称《议程》)所做的演讲中,明确提出青年是《议程》的三大主题之一。只有参与体育活动,孩子们才有可能成为未来的运动员;只有参与体育活动,孩子们才有可能受益于体育的教育和健康价值。《议程》代表当代奥林匹克运动的改革方向和发展目标,巴赫主席的讲话和《议程》的"青年""可持续性""鼓励社区参与""体育与文化融合"等条款中都包含了借主办奥运会之机鼓励大众参与奥林匹克活动和体育运动的价值取向,体现了奥林匹克运动对人的自身发展的人文关怀。

习近平总书记在出席索契冬奥会开幕式时提出:"受气候条件影响,中国冰雪运动还不够普及,不进山海关,关外才 1 亿人。

如果在关内推广冰雪项目,会带动两三亿中国人从事冰雪运动。奥林匹克精神最重要的就是把体育运动普及开来,推动群众性体育运动,增强人民体质。"在北京的申奥过程中,习近平总书记在对国际奥委会的致辞中表示,中国主办 2022 年冬奥会将"带动中国 13 亿多人关心、热爱、参与冰雪运动"。可见,北京申办冬奥会的愿景和宗旨在于传播奥林匹克文化,实现奥运文化与中国传统文化的交融,在此基础上,吸引更多的人参与冰雪运动,带动群众性冰雪运动的开展,向世界展示一个健康的充满生机的中国。

1.1.2 问题提出

平昌冬奥会闭幕式上,"北京 8 分钟"的精彩表演意味着冬季奥运会进入了北京周期。在冬奥会脚步逐渐临近的时刻,北京作为主办城市,大众冰雪运动的开展状况如何呢?带着对这个问题的追问,中国人民大学人文奥运研究中心专家团队就北京居民冰雪运动的普及与参与情况、社会背景、影响因素、社会需求和社会心理进行了连续三个年度(2016、2017、2018)的实证调研,旨在获得一手的调研数据。希望研究成果能够为奥运筹备阶段的北京冰雪运动相关政策的出台提供资政依据。

《北京冬奥语境下大众冰雪运动参与报告》就是上述研究成果的具体体现。

1.2　研究目的和意义

1.2.1 研究目的

完善普及冰雪运动的理论体系。从综合性的学科视角,在多学科理论交叉融合的基础上,梳理普及冰雪运动的理论架构。同时,在基础理论应用的经验总结方面做一些有益尝试。

创设冰雪运动参与的指标框架。根据先前的研究经验,结合冰雪运动特性,从社会学和人口学的基础理论出发,尝试构建适合我国国情的"冰雪运动参与"指标体系,以此为本课题以及后续的实证研究提供成熟的调查工具,为冰雪运动普及研究提供一个可操作化的、具有社会学理论价值的测量指针,将冰雪运动普及的研究引向深入。

研究促进北京群众性冰雪运动参与的对策。研究始终坚守实效性、实操性这两个基本原则,研究目的在于探讨普及大众冰雪运动的方法和路径。

1.2.2 研究意义

顺应国际奥林匹克运动发展潮流,传播奥林匹克文化,促进大众参与。本研究响应《奥林匹克 2020 议程》,特别是在《议程》的"可持续性""鼓励社区参与""体育与文化融合"等条款中所内含的鼓励大众参与的价值取向,研究主题代表当代奥林匹克运动的发展方向和目标,体现了奥林匹克运动对人的自身发展的人文关怀。

契合国家发展战略,实现北京冬奥会目标。北京申办冬奥会成功后,习近平、李克强、张高丽、刘延东等党和国家领导人多次就冬奥会的组织工作做重要批示,强调要将北京冬奥会纳入国家发展战略,希望北京冬奥会与京津冀协同发展战略相契合,与北京城市发展相协调,并以此为契机推进供给侧结构性改革。而要贯彻落实上述指示精神,就离不开全民,特别是青少年群体的参与。显然,党和国家领导人深刻阐释了普及冬季冰雪运动、促进大众参与对于实现冬奥会目标和实施国家发展战略的重要支撑作用。

符合我国主办冬奥会语境下的社会需求,提高大众冰雪运动参与水平是民众所盼。前期研究表明,北京具有大众参与冰雪运动的民意基础,但如何将大众意愿转化为参与行为,提出解决问题的方案,对于满足民众对冰雪运动参与的需求至关重要。课题研究成果将在此领域有所探讨。

普及冰雪运动是实现北京冬奥会各利益相关方体验愿景的重要抓手。2017年1月至5月,北京冬奥组委开展了"北京2022年冬奥会和冬残奥会利益相关方体验愿景研究",就北京冬奥会利益相关方的北京冬奥体验愿景进行专题调研。研究结果表明,北京冬奥会利益相关方共同期待北京冬奥会能够传播奥林匹克文化,进而借举办冬奥会这一契机,推动冰雪运动在中国的普及,他们特别关注青少年群体对冰雪运动的参与,希望以此引导公众养成健康生活的方式,提升公众体质健康水平。利益相关方认为,我国大众冰雪运动的快速发展和全民健身的广泛开展能够为北京的后冬奥会时期的场馆、冰雪运动人口,以及国家经济社会发展提供不竭动力。可见,对北京冬奥会语境下的大众冰雪运动进行研究具有重要的意义和价值。

2　研究方案及研究路径

2.1　研究对象与研究方法

2.1.1 研究对象

研究对象为北京十个区的居民：由于北京是一座人口流动性很强的大都市，居住在北京的人并非全部都是有北京户籍的市民，因此，本研究将研究对象界定为"北京居民"。研究内容为被调查对象的冰雪运动的参与状况、背景、需求、社会心态等。

2.1.2 研究方法

2.1.2.1 文献研究法

在文献综述方面，主要采用元叙述综述方法。该方法适用于涉及不同学科和研究范例的研究领域，处理研究的多样性和异质性，力求罗列出研究的概念因素、理论因素、方法因素和工具因素；评估每个既定的研究，提炼并整理其结果。具体而言，在已有研究的基础上，针对国内外奥林匹克研究、体育参与研究、冬季冰雪运动参与研究、京津冀与体育发展的研究等方面的研究，搜集包括图书、期刊、报纸、学位论文、科学报告等在内的各类文献并对其加以鉴别和整理，从而全面掌握与本研究相关的既有研究成果。

2.1.2.2 问卷调查法

问卷调查法是本课题研究的重要研究方法。问卷调查一般采用"自填"和"代填"两种方式,本课题采用"自填"问卷的方式进行调查。

本调查采用理论导向的实证社会学研究方法。即,在以往研究的基础上进一步完善理论分析框架,并在特定概念框架的指导下开展抽样社会调查,然后以翔实的数据分析为基础,对相关问题展开深入的理论分析。

在这些社会调查中,一是在抽样方案和理论框架上与之前的调查保持连续性,以获得可进行序时比较研究的纵贯性数据;二是依托中国调查与数据中心选取特定地区,投放合理规模的调查问卷,以获得随机性很强的代表性样本。

2.1.2.3 数据统计与分析法

采用 SPSS 22.0 和 AMOS 22.0 软件对问卷回收的数据进行频率分析(frequency analysis)、探索性因子分析(exploratory factor analysis, EFA)、相关分析(correlation analysis)和结构方程模型(structural equation modeling, SEM)分析。

2.1.2.4 数据分析与逻辑推理法

应用先进的分析软件和分析工具,对问卷调查的数据进行处理和分析,梳理调查数据所反映出来的问题和关系,从结构 – 功能的理论视角对数据结果进行分析。

2.1.2.5 案例研究法

选择国内外相关领域的经典性研究项目做深度案例分析,探察项目开展的整体路径和具体方法,分析研究理论与方法路径的关键要素,提炼这些经典研究的一般性规律和通用方法。

2.1.2.6 关键因素分析法

影响冬季冰雪运动和大众普及的因素有很多,包括自然环境、历史传统、国家政策、社会资源、个体认知等,影响因素非常庞杂,涉及多个领域和多个要素。在研究中分析归纳出其中的关键要素作为分析的对象,以期利用有限的条件,得出更具有针对性的结论。

2.1.2.7 田野调查法

田野调查又叫实地调查或现场研究,属于传播学范畴的概念。深入冬季冰雪运动的现场,对具体的冰雪运动参与者或冰雪运动典型个案或单位进行参与式跟踪观察,对被调查对象进行研究,通过参与经验与观察结果的总结,观察、了解和认识他们的社会与文化。

2.1.2.8 类比分析法

利用已有文献资源和实地调研所得资料,同其所同,异其所异,通过比对分析,归纳总结出大众冰雪运动参与或者典型个案的类型与特色。

2.1.2.9 历史与逻辑相统一

在追溯相关研究领域的理论的学术发展进程中,注意利用历史与逻辑相统一的研究方法,将思维与理论发展成果与时间坐标相对应,理清发展脉络。

2.2 总体思路和研究路径

2.2.1 总体思路

我国关于影响大众参与冰雪运动的研究并不多,本调查借鉴影响国内外大众参与体育锻炼的影响因素研究,以及结合冰雪运动的特点,对影响北京居民参与冰雪运动进行研究。

国外关于影响大众体育参与的研究大部分集中在社会人口属性以及社会阶层对体育参与的影响,而且,主要集中在社会经济地位对体育参与的影响。我国关于影响体育参与的因素研究还不是很成熟,文献也不多。综合分析国内外关于影响大众体育参与的相关研究,主要存在问题如下:体育参与毕竟是经过参与者的理性或者非理性的选择,决定体育参与的因素未必都是人口学或者社会经济地位因素,国家政策、个体的体力状况、同伴或者重要他人、社会历史文化、社会观念、自身的体育价值观等因素都可能会影响个人的体育参与。所以研究影响体育参与的因素,在考虑社会经济地位的同时,还应该考虑生活方式、体育价值观念等因素的影响,争取从更多的方面考量其对体育参与的影响。

本研究将从宏观和微观层面结合来研究居民冰雪运动参与的影响因素。宏观层面主要包括国家政策环境对冰雪运动参与的影响;微观层面主要包括被调查者的社会人口属性、自我健康、参与冰雪运动经历等因素,分析其对居民参与冰雪运动的影响。

由此,形成了此研究的总体思路:以近年来的相关课题研究成果为基础,从推动北京居民大众冰雪运动参与这一最终目标出发,通过梳理理论成果的脉络,进行规范的社会调查,经过严谨的逻辑推演,解析出此命题的两个核心要素:"冰雪运动参与""发展对策"。那么,可以推知,研究的核心内容和逻辑是,在北京主办冬奥会的语境下,调查北京居民的冰雪运动参与现状,解析影响运动参与的要素与机理,以期通过探讨相应政策建议,推动政府决策,最终实现推动大众冰雪运动普及和发展的目标。

2.2.2 研究路径

从研究的总体思路出发,设计了如下研究路径。

首先,理论研究。其一,研究前期著作、论文和课题研究成果,从多学科交叉的综合性研究视角梳理研究的理论架构,在此基础上,探讨研究的方法论。

其次,现状研究。研究"冰雪运动参与"概念、指标及其结构,构建可操作化的测量指针,设计调查问卷,对冰雪运动参与现状和模式进行实证调研。

再次,要素研究。在现状研究的基础上,对问卷调查的数据进行统计分析,探讨影响运动参与的关键因素,探寻这些关键因素发挥作用的机理,作为政府决策的参考。鉴于学校体育对青少年冰雪运动普及的特殊作用和重要影响,将对相关内容进行重点关注。

最后,对策研究。在上述研究的基础上,评估大众冰雪运动参与的政策和规划,研究解决冰雪运动普及的问题和困境的政策建议。调查研究的结构与逻辑如图1所示。

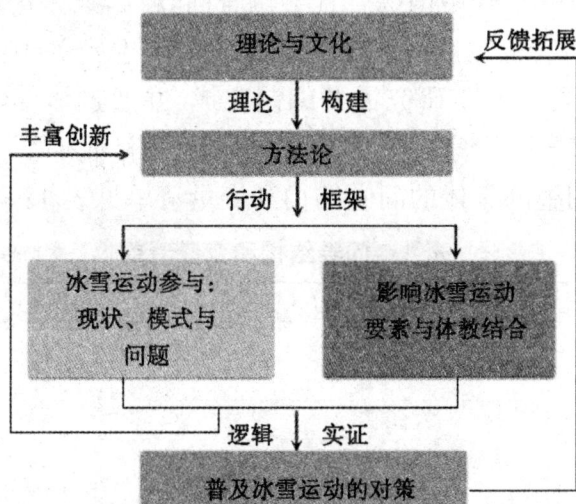

图 1　研究思路和研究方法

3 2016年北京居民冰雪运动参与调查

3.1 问卷调查及样本

3.1.1 问卷结构及变量清单

问卷设计结合中国综合社会调查问卷、国家体育总局的全民健身调查问卷等权威的国家大规模调查问卷中关于体育参与的调查问题,再结合本研究需要编制完成,并通过体育学、社会学、管理学等多学科专家进行反复论证、讨论及修改。

问卷调查的具体的问卷结构和变量清单见表 1:

表 1 问卷结构和变量清单

系统	变量	问题
背景信息	性别	A1
	年龄	A2
	教育程度	A3
	就业状况	A4
	职业	A5
	单位类型	A6
	年收入	A7
冬奥参与	冬奥认知	B1.2.3
	冬奥认同	B4.5
	间接参与	B6.7
	直接参与	B8.11
	参与影响与需求	B9.10
	信息媒介	B12.13

3.1.2 样本及抽样

本次调查抽样涉及北京市东城、西城、朝阳、海淀、丰台、昌平、大兴、房山、平谷、顺义 10 个区,一共抽取 1 250 个样本。抽样样本框采用国家社科基金项目中国综合社会调查(CGSS)的样本框,最终调查样本按照 CGSS 的调查样本进行。中国综合社会调查的样本是按照各地社会经济发展水平,采取多阶分层 PPS 随机抽样方法进行抽样。本调查应用的是北京的抽样框。

3.2　样本特征

本次调查样本量为 1 250 个,涉及北京东城、西城、朝阳、海淀、丰台、昌平、大兴、房山、平谷、顺义共计 10 个区,具体样本特征如下:

3.2.1 性别特征

表 2　样本性别特征

性别	频数	百分比(%)
男	627	50.2
女	623	49.8
总体	1 250	100

由表 2 数据可知,本次调查的样本中,男性 627 名,占 50.2%;女性 623 名,占 49.8%;从样本性别结构来看,性别比例比较合理。

3.2.2 年龄特征

表3　样本年龄特征

年龄段	频数	百分比(%)
青年及以下	413	33.1
中年	608	48.6
老年	229	18.3

由表3数据可知,本次调查样本中,青年及以下413人,占33.1%;中年608人,占48.6%;老年229人,占18.3%。因为本次调查的对象是北京社区的居民,并不是学生,所以抽样的样本年龄最小为18岁,均为成年人。

3.2.3 教育背景

表4　样本教育背景(受教育程度)特征

教育背景	频数	百分比(%)
小学及以下	38	3.1
初中	196	15.7
高中	325	26.0
大专	277	22.2
本科	366	29.3
研究生及以上	47	3.8

由表4数据可知,本次被调查者的受教育程度特征:小学及以下38人,占3.1%;初中196人,占15.7%;高中325人,占26.0%;大专277人,占22.2%;本科366人,占29.3%;研究生及以上47人,占3.8%。

3.2.4 就业状况

表5 样本就业状况特征

就业状况	频数	百分比（%）
全职	753	60.4
兼职	307	24.6
料理家务	40	3.2
正在上学	78	6.3
无工作	68	5.5

由表5可知，本次受调查者中，全职、兼职、料理家务、正在上学以及无工作者人数分别为：753、307、40、78、68；所占比例分别为：60.4%、24.6%、3.2%、6.3%、5.5%。工作人数所占比例较大，全职和兼职相加所占比例高达85.0%。

3.2.5 职业状况

表6 样本职业状况特征

职业状况	频数	百分比（%）
国家机关、党群、企事业单位负责人	89	11.2
专业技术人员	189	23.8
办事人员和有关人员	206	26.0
商业、服务业人员	189	23.8
农、林、牧、渔、水利业生产人员	25	3.2
生产、运输设备操作人员及有关人员	53	6.7
军人	5	0.6
不便分类的其他人员	37	4.7

表6为样本的职业状况特征。由表6可知，国家机关、党群、企事业单位负责人为89人，占11.2%；专业技术人员189人，占23.8%；办事人员和有关人员206人，占26.0%；商业、服务业

人员 189 人,占 23.8%;农、林、牧、渔、水利业生产人员 25 人,占 3.2%;生产、运输设备操作人员及有关人员 53 人,占 6.7%;军人 5 人,占 0.6%,不便分类的其他人员 37 人,占 4.7%。

3.2.6 收入状况

表7 样本年收入状况特征

年收入状况	频数	百分比(%)
12 000 元及以下	159	12.9
12 001 ~ 19 000 元	58	4.7
19 001 ~ 24 000 元	70	5.7
24 001 ~ 30 000 元	155	12.6
30 001 ~ 50 000 元	369	29.9
50 001 元及以上	422	34.2

表 7 是样本的年收入状况特征。由表中数据可知,本次调查将居民收入分为 6 档,年收入 12 000 元及以下的为 159 人,占 12.9%;12 001 ~ 19 000 元的为 58 人,占 4.7%;年收入 19 001 ~ 24 000 元的为 70 人,占 5.7%;年收入 24 001 ~ 30 000 元的为 155 人,占 12.6%;年收入 30 001 ~ 50 000 元的为 369 人,占 29.9%;年收入 50 001 元及以上为 422 人,占 34.2%。

3.3 调查结果

3.3.1 参与模式与结构

本研究将冰雪运动参与分为"直接参与"和"间接参与"。

直接参与是指参与者直接上冰雪亲身参与和体验冰雪运动;间接参与是指不直接参与运动,但作为观众、读者、志愿者、推广者等身份参加与冰雪运动有关的活动。

从广义上讲,冰雪运动间接参与包括志愿服务、商业推广、宣传教育、观赏比赛等所有与冰雪运动相关的社会活动。从狭义上讲,间接参与是指那些到现场或通过电视、网络等媒介观赏比赛的观众。本研究由于研究主题的限制,将冰雪运动间接参与的内涵界定为狭义的间接参与,即冰雪运动的观众群体。

为系统分析北京居民冰雪运动参与的模式,除上述直接参与和间接参与的区分,调查问卷还设计了"子女参与""首次参与"两个主题。就此,将从"直接参与""间接参与""子女参与""首次参与"4 个视角形塑冰雪运动参与的模式。

3.3.1.1 直接参与

3.3.1.1.1 参与次数与时间

本次调查是在北京冬季的冰雪季节,为了增强随机性,调研截取的是被调查者"上一周"的冰雪运动参与状况,涉及参与频度和时间两个维度。

表 8　周参与次数和时间表

周参与次数和时间	平均值	标准差	最大值	最小值
上周参与冰雪运动次数	0.25	0.5	5	0
上周参与冰雪运动时间	26.2	61.0	400	0

由表 8 数据可知,北京居民"上一周"冰雪运动参与的平均次数均值为 0.25 次,最多次数为 5 次,最少次数为 0 次,标准差为 0.5。周参与冰雪运动的时间均值为 26.2 分钟,最大值为 400分钟,最小值为 0,标准差为 61。

根据对北京冰雪场馆和公园内冰雪嘉年华的调查,北京冬季适合冰雪运动季的时间大致持续 12 周,那么,在适宜冰雪运动的整个冬季,居民人均参与冰雪运动的次数大致为 3 次(0.25 次 /周 ×12 周),时间大致为 314 分钟(26.2 分钟 / 周 ×12 周)。

从参与的均值、标准差进行综合分析,居民运动参与的个体差异很大:参与冰雪运动的次数平均值为 0.25,而标准差为 0.5;

平均参与时间为 26.2 分钟，标准差为 61。可见，数据的离散程度很高，个体差异很大。

3.3.1.1.2 参与频度

为更好地区分参与频度的差异，除上述运动参与的具体次数外，本次调研还参照国际调查组织对一些活动参与的调查标准，对参与频度进行测量，测量的指针为：您参加冰雪运动一般为："一周数次""一月数次""一年数次""一年一次""从不"。就此界定"从不"为"从不参与"，"一年一次"为"体验性参与（中度参与）"，"一周数次""一月数次""一年数次"这 3 类参与统称为"高频度参与"。

表 9　受访者冰雪运动参与频度统计表

参与程度	样本量	百分比（%）
高频度参与	154	12.3
体验性参与	368	29.5
从不参与	728	58.2

表 9 是居民冰雪参与频度统计表。数据显示，"从不参与"冰雪运动的占 58.2%，体验性参与的占 29.5%，高频度参与（一年数次及以上）的占 12.3%。

在国外的研究中，多以年度作为时间单位来调查参与次数和频度，并且，多是将运动项目分开进行统计，例如，滑雪次数或滑冰次数。由于本课题的研究重点并不在于运动参与的具体项目，而是关注为描述运动参与模式增加一个解释视角，同时，也为后续的影响元素和影响机制的深层次探讨提供区分变量。

3.3.1.2 间接参与

本研究由于研究主题的限制，将冰雪运动间接参与的内涵界定为狭义的间接参与，即冰雪运动的观众群体。本部分所调查的是居民观看、关注冰雪运动的状况，也就是间接参与冰雪运动的状况。例如,居民通过电视、互联网或到现场观看冰雪运动赛事都属于对冰雪运动的间接参与。此间接参与限定为"目前状况",与后续研究中所涉及的2022年冬奥会"潜在观众"是有区别的。

表10　受访者间接参与情况

频率	频数	百分比(%)
经常观看	107	8.6
有时观看	334	26.7
偶尔观看	312	25
很少观看	304	24.3
从不观看	193	15.4
总计	1250	100

由表10可知,居民经常观看冰雪运动的比例为8.6%;有时观看以及偶尔观看冰雪运动或比赛的比例分别为:26.7%和25%,和为51.7%;很少观看和从不观看的比例分别为:24.3%和15.4%,合为39.7%。由此可知,北京居民间接参与冰雪运动的状况尚可,虽然"经常观看"的比例不是很高,但有观看行为倾向(经常、有时、偶尔观看)的居民占比超过60%(60.3%),如果加以引导,这个群体会逐渐增强对冰雪运动的关注和支持,对培育冰雪运动的社会文化有助益。在社会学的理论视角,间接参与也是一种特殊运动参与模式,存在逐渐过渡为直接参与群体的可能。

3.3.1.3 子女参与

本部分讨论被调查对象的未成年子女的冰雪运动参与状况。青少年期是学习冰雪运动的关键期,也是冰雪运动参与的核心群体。学校和家庭是青少年社会化的重要场所,课题组重点考察受访者子女的学校冰雪运动教育、亲子参与频度、子女参与属性三个方面的现状。

本次调研中,有44.7%的被访者家中有未成年子女,没有未成年子女的占55.3%。家庭中未成年子女的男女比例为男

61.8%,女 38.2%。具体如表 11、表 12 所示。

表 11　家庭有无未成年子女情况

家庭有未成年子女	频数	百分比(%)
有	559	44.7
无	691	55.3

表 12　家庭未成年子女性别状况

性别	频数	百分比(%)
男	346	61.8
女	214	38.2

3.3.1.3.1 学校冰雪运动教育

表 13　学校冰雪运动课程开展表

开设与否	频数	百分比(%)
开设	95	19.9
未开设	383	80.1

表 13 数据显示,学校开设冰雪运动课程的占 19.9%,未开设的占 80.1%。对北京而言,冰雪运动进校园的路程还很长,发展空间也比较大。

青少年时期是培养体育爱好的黄金期,也是运动技能养成的敏感期,学校教育是青少年运动技能学习的重要场所。我国学校体育一般采用"班级授课制",与西方学校的"俱乐部制"比较,这是一种系统性和规范性很强的教学模式,是我国社会制度在体育教育中的具体体现,非常便于教育管理部门的方针政策的具体实施。因此,学校开设冰雪课程,教师可以为学生提供系统化的教学过程,并结合学生身心发展规律安排教学内容,为学生掌握动作技能、培养学习兴趣打下良好的基础。中小学是发展居民冰雪运动的最佳时期,很多能在青年、中年参与冰雪运动的居民,都是因为在 17 岁以前接触了冰雪运动。因此,实现"3 亿人上冰雪"还是应该从青少年学生着手。

3.3.1.3.2 亲子参与频度

家庭是青少年社会化的重要场所,父母是影响青少年社会化进程的重要他人。冰雪运动的运动属性决定了这类运动项目具有一定危险性,容易出现摔倒受伤和骨折等现象。对运动伤害的恐惧成为阻碍运动参与的社会心态,父母对孩子参加冰雪运动的态度和价值认同就显得尤为重要。

本次调研对被访者是否经常带子女参与冰雪运动进行了调查。频次设定为:经常参加、有时参加、偶尔参加、很少参加、从不参加五个层级。

表 14　亲子参与频度表

参加频率	频数	百分比(%)
经常参加	16	2.9
有时参加	103	18.5
偶尔参加	130	23.3
很少参加	94	16.9
从不参加	214	38.4
总计	557	100

由表 14 中数据可知,"经常"带孩子参加冰雪运动的为 16 人,占 2.9%;"有时"的为 103 人,占 18.5%;"偶尔"的为 130 人,占 23.3%;"很少"的为 94 人,占 16.9%;"从不"的为 214 人,占 38.4%。

上述比例结构表明,北京居民带子女参与冰雪运动的状况不太理想,"从不参加"的占 38.4%,而"经常参加"的仅占 2.9%。"很少"和"从不"带孩子参加冰雪运动代表了父母对子女参加冰雪运动的一种消极的价值取向,两者之和为 55.3%,占半数以上,可见,父母对子女参加冰雪运动的支持力度不足。造成这种状况的原因是多方面的,运动参与的季节性限制、场地设施、时间和经济成本等都在发挥影响,相关观点将在后面的报告中进行分析。

亲子运动参与的比例结构中,"有时参加"的占 18.5%,"偶尔参加"的占 23.3%,两者相加为 41.8%。从参与倾向角度讲,这部分居民处于"中间"地带,是普及冰雪运动的潜力群体,也是普及冰雪运动应该重点关注的对象。

3.3.1.3.3 子女运动参与属性

参与属性代表了冰雪运动参与的性质和水平,本次调查将冰雪运动参与的属性分为:娱乐性的冰雪嘉年华类的游戏活动、专业化的在冰雪运动俱乐部进行的正规训练、休闲性的公园冰雪自助项目三个类别。

表 15　亲子冰雪运动参与属性表

项目	频数	百分比(％)
游戏活动	157	45.9
正规训练	49	14.3
自助项目	136	39.8
总计	342	100

由表 15 数据可知,45.9％ 的居民带孩子参加的冰雪运动是娱乐性的冰雪嘉年华类的游戏活动;休闲类的公园冰雪自助项目占 39.8％;专业性的在冰雪运动俱乐部进行的正规训练占 14.3％。

很显然,目前家长带子女参加冰雪运动的目的还是旨在娱乐、游戏和体验,这种性质的参与并非规范化的专业化运动训练和技能培养,从娱乐、体验过渡到专业化的运动参与需要有一个质的跨越,否则,这种低层次的体验性参与很难在子女长大后持续下去。

3.3.1.4 首次参与

此问题主要探讨受访者首次接触冰雪运动的年龄,并在此基础上,分析该年龄的意义和影响。

表 16 受访者第一次参加冰雪运动的年龄

年龄	频数	百分比（%）
0–6 岁	291	55.4
7–17 岁	225	42.9
18–40 岁	8	1.5
41–65 岁	1	0.2
总计	525	100

由表 16 中数据可知，曾经参加过冰雪运动的居民，第一次接触冰雪运动年龄在 0–6 岁的，占 55.4%，在 7–17 岁的占 42.9%，在 18–40 岁的占 1.5%，在 41–65 岁的占 0.2%。绝大多数（98.3%）参加过冰雪运动的人首次冰雪运动体验的年龄在 0–17 岁之间。

可见，人们基本都是选在青少年和儿童年龄阶段参与和体验冰雪运动，这个年龄段是培养冰雪运动价值观、运动技能的重要时期，是体育生活方式形成的关键期。在这个年龄阶段养成的行为和习惯将相对稳定，能够在后续生命历程中得以延续，让参与者终身受益。

3.3.2 参与水平与群体特征

从某种角度讲，参与频度代表了一定的参与水平，参与频度越高参与程度也越高。本部分研究将运动参与分为"高频度参与""体验性参与"和"从不参与"三个层次的参与水平。本部分将以此为区分变量，探讨不同的参与群体的群体特征。

3.3.2.1 参与水平与性别结构

表 17 数据显示，对比"从不参与""体验性参与""高频度参与"的数据，男性的参与水平高于女性，这与冰雪运动的运动特性和技术门槛较高有关。

表 17 受访者参与水平与性别特征

性别	高频度参与	体验性参与	从不参与
男	57.8%	53.8%	46.7%
女	42.2%	46.2%	53.3%

3.3.2.2 参与水平与年龄特征

表 18 数据显示,青少年的"高频度参与"和"体验性参与"均高于中年和老年,"从不参与"又低于中、老年,说明青少年群体是冰雪运动参与的核心群体,运动参与的频度最高。随着年龄的增长,运动参与的频度和水平逐渐减低。冰雪运动比较惊险和刺激,大多数项目运动幅度和技术难度较高,这也是青少年群体成为主力军的主要原因。

表 18 参与水平与年龄

参与水平	年龄		
	青少年(35岁及以下)	中年(36-60岁)	老年(61岁及以上)
高频度参与	17.7%	11.0%	6.2%
体验性参与	40.2%	28.1%	13.5%
从不参与	42.1%	60.9%	80.3%

3.3.2.3 参与水平与教育背景

表 19 数据显示,在冰雪运动参与水平与教育背景的关系中,存在随着学历的提高而运动参与频度相应提高的趋势,直至大学本科毕业生。而在"从不参与"群体中,初中毕业生和高中毕业生所占的比例很高。

表 19 受访者参与水平与受教育程度特征

参与水平	受教育程度					
	小学及以下	初中	高中	大专	本科	研究生及以上
高频度参与	0.0%	1.9%	17.5%	31.2%	44.2%	5.2%
体验性参与	1.4%	7.1%	13.9%	24.5%	45.9%	7.3%
从不参与	4.5%	23.0%	34.0%	19.1%	17.7%	1.7%

3.3.2.4 参与水平与就业状况

表 20 数据显示,无论高频度参与还是体验性参与,全职工作人员都是最主要的参与群体。全职工作意味着具有比较稳定的经济来源,这也符合冰雪运动这种需要一定经济基础支撑的运动项目的特点。

表 20 受访者参与水平与就业状况特征

参与水平	就业状况				
	全职	兼职	料理家务	正在上学	无工作
高频度参与	71.2%	15.0%	5.2%	8.5%	0.0%
体验性参与	71.4%	12.4%	3.5%	10.1%	2.7%
从不参与	52.6%	32.9%	2.6%	3.9%	8.0%

3.3.2.5 参与水平与职业属性

从表 21 可以看出,从职业属性看,不同职业的群体参与冰雪运动的频度有一定的区别,但差异不显著。单位负责人、专业技术人员、办事人员的参与度相对较高,商业服务业和有关人员、生产人员和设备操作员的参与度相对较低。

表 21 受访者参与程度与职业状况特征

职业	高频度参与	体验性参与	从不参与
单位负责人	22.5%	31.5%	46.1%
专业技术人员	16.4%	38.6%	45.0%
办事人员	17.0%	39.8%	43.2%
商业、服务业和有关人员	10.6%	30.2%	59.3%
生产人员	16.0%	12.0%	72.0%
设备操作人员	9.4%	34.0%	56.6%
军人	0.0%	20.0%	80.0%
其他人员	5.4%	21.6%	73.0%

3.3.2.6 参与水平与经济基础

从经济角度看,冰雪运动是一项消费比较高的运动项目。表22的数据显示,居民的收入越高,参与冰雪运动的频度和水平也就越高,说明了冰雪运动参与对一定经济能力支撑的客观需求。特别对高频度参与的居民而言,从收入最低到最高,居民参加冰雪运动的人数比例逐渐增加。

表22　受访者参与水平与收入状况特征

收入	高频度参与	体验性参与	从不参与
12 000 元及以下	4.4%	31.4%	64.2%
12 001 ~ 19 000 元	5.2%	29.3%	65.5%
19 001 ~ 24 000 元	10.0%	15.7%	74.3%
24 001 ~ 30 000 元	10.3%	21.9%	67.7%
30 001 ~ 50 000 元	10.6%	23.8%	65.6%
50 001 元及以上	19.4%	38.2%	42.4%

3.3.3 影响因素及分析

本部分的研究是在上述研究的基础上深入探讨和梳理影响冰雪运动参与的因素。

课题组将调查问卷进行编码,将最终的问卷录入 SPSS20.0 软件包,通过该软件包,对录入数据进行统计分析。

在本部分的研究中,课题组将被访者冰雪季节是否参与过冰雪运动作为二分变量,运用逻辑回归梳理影响居民参与冰雪运动的重要因素;除此之外,继续将运动参与的"从不参与""体验性参与"和"高频度参与"三个层次的参与频度引入分析框架,通过参与频度与其他变量的交叉分析,探讨影响因素发挥作用的内在机理和机制。

3.3.3.1 基本假设及数据分析

3.3.3.1.1 基本假设

本研究的基本假设是,冰雪运动参与是经过参与者的理性或者非理性的选择,决定参与的因素除人口学或者社会经济地位因素外,个体的体力状况、同伴或者重要他人、社会历史文化、社会观念、自身的体育价值观等因素都可能会影响个人的运动参与。所以,讨论运动参与的影响因素,不仅要考虑社会经济地位,还应考虑生活方式、体育价值观念等因素的影响,争取从更多的方面考量其对运动参与的影响。

3.3.3.1.2 数据处理

本研究涉及的因变量、自变量及其具体赋值状况如表 23 所示。

由表 23 可知,本研究的因变量为居民冰雪运动参与,自变量为性别、年龄、受教育年限、收入、社会地位、冰雪运动喜爱程度、健康状况以及家庭氛围。课题组在调研时将运动参与分为直接参与和间接参与,鉴于篇幅所限,在本文中运动参与仅限于实质性从事冰雪运动的直接参与。

自变量赋值如下:性别的赋值为女性为 0,男性为 1;年龄为连续变量;受教育程度为受教育的年限;收入为连续变量;社会地位为居民自评,为 1—10 的数值,其中 1 为社会地位最低,10 为最高;冰雪运动喜欢程度分别为:非常不喜欢、不太喜欢、说不上喜欢与否、比较喜欢、非常喜欢;居民健康状况为:很不健康、比较不健康、一般、比较健康、非常健康;家庭氛围测量指针为家庭参与冰雪运动人数。

表 23　居民冰雪运动参与的影响因素变量表

因素名称	变量	数量化
冰雪运动参与	Y	0= 没有参与,1= 参与
性别	X1	0= 女性,1= 男性

因素名称	变量	数量化
年龄	X2	连续变量
受教育年限	X3	受教育年限
收入	X4	连续变量
社会地位	X5	1—10 赋值,1 为最低,10 为最高
冰雪运动喜爱程度	X6	0= 非常不喜欢,1= 不太喜欢,2= 说不上喜欢与否,3= 比较喜欢,4= 非常喜欢
健康状况	X7	0= 很不健康,1= 比较不健康,2= 一般,3= 比较健康,4= 非常健康
家庭氛围	X8	家庭参与冰雪运动人数

3.3.3.2 数据分析

3.3.3.2.1 逻辑回归模型

由表 24 数据可知,本研究的回归模型显著性的 P 值为 0.000,当表示模型的显著性的 P 值小于 0.01 时,模型已经非常显著,所以居民冰雪运动参与的影响因素模型非常显著,这说明该模型中的相应因素对居民参与冰雪运动影响显著。

表 24　逻辑回归模型的参数

因变量	冰雪运动参与度
自变量个数	14(常数项除外)
有效样本个数	1 250
模型显著性	0.000
正确预测百分比	77.7%
−2 log likelihood	1 433.695
Cox & Snell R Square	0.344
Nagelkerke R Square	0.459

表 24 数据还显示,作为逻辑回归而言,参照的两个拟 R(Pseudo R)值分别为 0.344 和 0.459。以 0.344 这个值为例进行

比较：Downward[1]在英国居民体育参与研究中该值仅为0.168；马江涛等[2]在关于我国居民体育参与的影响因素研究中该值仅为0.26。这两个数据值说明该模型拟合度比较高，该模型的解释力比较强。

3.3.3.2.2 逻辑回归模型结果

表25是居民冰雪运动参与影响因素的逻辑回归分析结果，由P值可以大致梳理出影响北京居民参与冰雪运动的元素：性别、年龄、受教育年限、社会地位、冰雪运动喜爱程度、家庭氛围等因素对居民参与冰雪运动影响显著，而居民的收入和健康状况对居民冰雪运动参与影响不显著。

表25 冰雪运动参与影响因素的逻辑回归结果

因素名称	变量	回归系数 β	Wals	P 值	EXP（β）
性别	X1	0.436	10.92	0.001 ＊＊	1.54
年龄	X2	−0.150	5.70	0.010 ＊＊	1.01
受教育年限	X3	0.249	11.74	0.001 ＊＊	1.28
收入	X4	0.002	0.001	0.969	1.00
社会地位	X5	0.134	12.36	0.000 ＊＊	0.87
冰雪运动喜爱程度	X6−1	2.796	7.22	0.007 ＊＊	16.3
	X6−2	3.334	10.44	0.001 ＊＊	28.05
	X6−3	4.374	19.96	0.000 ＊＊	79.3
	X6−4	4.614	16.89	0.000 ＊＊	100.8
健康状况	X7−1	18.32	0.000	0.999	9049
	X7−2	17.59	0.000	0.999	4374
	X7−3	17.99	0.000	0.999	6510
	X7−4	18.19	0.000	0.999	7986
家庭氛围	X8	1.072	109.7	0.000 ＊＊	2.92
常数项	Constant	−51.7	0.000	0.998	0.00

[1] Downward, Paul. On Leisure Demand: A Post Keynesian Critique of Neoclassical Theory [J]. Journal of Post Keynesian Economics, 2004, 26（3）：371−394.
[2] 马江涛等.中国居民参加体育锻炼影响因素的序次逻辑回归分析[J].成都体育学院学报，2014（9）：12−18.

3.3.3.3 影响因素及分析

3.3.3.3.1 性别差异

由表25中数据可知,性别对居民参与冰雪运动影响的回归系数为0.436,P值为0.001<0.01。数据结果显示,性别差异对居民是否参与冰雪运动的影响非常显著,其中男性比女性参与冰雪运动的概率高1.54倍。性别差异与运动参与状况如表26所示。

表26　性别与冰雪运动参与

性别	从不参与		体验性参与		高频度参与		P值
	频数	百分比(%)	频数	百分比(%)	频数	百分比(%)	
女	152	50.3	77	25.5	73	24.2	0.25
男	88	46.3	97	23.9	121	29.8	

性别差异导致体育参与的差异,这个论断得到了前期研究成果的验证,例如,刘大维等[1]的研究,都倾向于男性比女性的体育参与概率更高。性别差异所导致的不平等是很多学科关注的问题,例如,社会学的理论认为,男女之间除与生俱来的生物属性外,更表现为一种"社会性别"。社会性别差异指的是一种文化建构物,是指两性的生物差别经由社会制度化力量的作用表现出的一系列行为规范和社会角色以及性别分层和性别不平等。社会心理学家迈克兰德(David McClelland)[2]指出:"性别角色成为人类行为中最重要的决定因素,心理学家在经验研究伊始便发现了性别差异。"而社会学家帕森斯的功能主义认为,由于社会分化、流动加剧以及社会对受过高等教育劳动力的需求等所导致的社会隔离使家庭中产生了鲜明的男性与女性角色,男性承担着积极的工具性角色,女性承担着社会情感性角色。除此之外,美国社会学家兰德尔·柯林斯的冲突主义认为,在男女之间社会资源

---

① 刘大维,陆明涛.中国居民体育运动参与的二项逻辑回归分析[J].武汉体育学院学报,2012,2(46):48-53.
② 魏国英.女性学概论[M].北京:北京大学出版社,2000:83.

（尤其是经济资源）配置的不平衡导致了不平等的性别秩序；等等。

表 27　性别与冰雪运动参与阻碍

参与阻碍	男		女	
	频数	百分比（%）	频数	百分比（%）
没学过,不会	286	37.8	362	47.8
没有喜欢的冰雪项目	76	10.1	89	11.8
太贵,经济不允许	228	30.2	202	26.7
工作太忙	317	41.9	268	35.4
家务事太多	118	15.6	210	27.7
健康状况不允许	170	22.5	205	27.1
附近缺乏冰雪运动设施	441	58.3	373	49.3
缺少专业教练的指导	133	17.6	108	14.3
缺少组织,没人张罗	124	16.4	93	12.3

上述多学科的观点都为从"社会性别"角度解读运动参与的性别差异提供了解释视角。表 27 数据表明,对男性而言,阻碍参加冰雪运动的主要因素包括"附近缺乏冰雪运动设施"（58.3%）、"工作太忙"（41.9%）和"没学过,不会"（37.8%）;对女性而言,则是"附近缺乏冰雪运动设施"（49.3%）;"没学过"（47.8%）和"工作太忙"（35.4%）。从数据可以看出,女性与男性比较,其主体性因素（"没学过,不会"百分比比例为 47.8%∶37.8%）对运动参与的阻碍更强一些。除此之外,冰雪运动的特殊属性也是造成女性较少参与运动的一个重要变量。冰雪运动的技术门槛比较高,运动所引起的身体感受的刺激性比较强,也具有一定的危险性,这些运动特性与已经在中国社会意识中所固化的"温柔贤淑、百媚生姿"的女性性别特质相抵触。同时,参与冰雪运动所要求的高消费和深度休闲等客观要求,也在一定程度上限制了女性的冰雪运动参与度。这些都是在普及冰雪运动、促进女性冰雪运动参与过程中需要重点加以考察的机制。

3.3.3.3.2 年龄特征

表 25 中数据表明,对冰雪运动而言,年龄对居民运动参与影响的回归系数为 −0.150,这说明居民年龄和冰雪运动参与呈负相关,即随着居民年龄的增加,参与冰雪运动的概率减小。P 值 =0.01,这说明年龄的影响非常显著。

前期研究中关于年龄对居民体育参与的影响大致有三类观点:一种认为影响不显著,如刘大维等[1] 的研究;另一种认为年龄与体育参与呈正相关,随着年龄的增长居民体育参与的程度会更高,如马江涛等[2] 的研究;还有一种认为,年龄与居民体育参与呈负相关,随着年龄的增长居民体育参与程度会降低,如 Downward[3] 的研究。冰雪运动由于运动特性的因素,中老年人的运动参与低于年轻人,表 25 中的数据非常清晰地表明了这种结果。

表 28　年龄与冰雪运动参与阻碍

参与阻碍	青年		中年		老年	
	频数	百分比(%)	频数	百分比(%)	频数	百分比(%)
没学过,不会	205	34.7	365	48.3	78	46.7
没有喜欢的冰雪项目	75	12.7	83	11.0	7	4.2
太贵,经济不允许	169	28.6	219	29.0	42	25.1
工作太忙	303	51.3	270	35.8	12	7.2
家务事太多	90	15.2	201	26.6	37	22.2
健康状况不允许	32	5.4	236	31.3	107	64.1
附近缺乏冰雪运动设施	364	61.6	374	49.5	76	45.5
缺少专业教练的指导	111	18.8	103	13.6	27	16.2
缺少组织,没人张罗	115	19.5	95	12.6	7	4.2

---

[1]　刘大维,陆明涛.中国居民体育运动参与的二项逻辑回归分析 [J].武汉体育学院学报, 2012, 2(46): 48-53.

[2]　马江涛等.中国居民参与体育锻炼影响因素的序次逻辑回归分析 [J].成都体育学院学报, 2014(9): 12-18.

[3]　Downward, Paul. Exploring the Economic Choice to Participate in Sport: Results from the 2002 General Household Survey[J]. International Review of Applied Economics, 2007, 21(5): 633-653.

对于北京居民的冰雪运动参与而言,表 28 中的数据表明,老年人由于"健康状况不允许"(64.1%)已经不再适宜参加具有一定技术难度和危险性的冰雪运动,青年人是参加冰雪运动的重要群体。阻碍青年人参与运动的因素除冰雪运动设施等客观条件外,"没学过,不会"是影响参与的主体性原因。而且,在中年阶段,也有 48.3 % 的被访者因为"没学过,不会"的原因而打消参加冰雪运动的想法。可见,对于普及冰雪运动而言,抓住青少年群体是关键,让青少年通过运动参与享受到独特的运动体验和乐趣,不仅能提高青少年时期的运动参与,其积极影响还会持续到中年。

3.3.3.3.3 教育背景

学历水平代表了教育背景的核心要素,为了统计和分析的需要,本研究将学历水平以受教育年限进行赋值。由表 25 中数据可知,受教育年限对居民参与冰雪运动影响的回归系数为 0.249,这说明受教育年限和居民参与冰雪运动水平呈正相关,即随着居民受教育程度的升高,参与冰雪运动的概率会升高。P 值 =0.001 < 0.01,这说明受教育程度对居民参与运动影响非常显著。

表 29 反映的是受教育程度与北京居民冰雪运动参与状况。数据显示,学历越高,受教育年限越长,居民参与冰雪运动的比例越高,越具有参与冰雪运动的倾向。

表 29 受教育程度与冰雪运动参与

受教育程度	从不参与		体验性参与		高参与		P 值
	频数	百分比(%)	频数	百分比(%)	频数	百分比(%)	
初中	32	71.1	7	15.6	6	13.3	
高中	122	71.3	29	17.0	20	11.7	
大专	75	51.0	39	26.5	33	22.4	0.00
本科	100	33.4	92	30.8	107	35.8	
研究生	11	23.9	7	15.2	28	60.9	

　　中国人民大学统计学院王琪延和韦佳佳[①]曾对北京居民1996-2016年的工作时间分配数据进行分析,研究发现:20年来北京居民的休闲时间差异与其受教育程度有关——受教育程度越高,工作时间越长,休闲时间越短;受教育程度越低,工作时间越短,休闲时间越长。受教育程度低的群体较长的休闲时间大多来自无业群体的非自愿休闲,受教育程度与休闲时间如表30所示。同时,该研究还论证了受教育程度与收入的关系:受教育程度通常与收入水平呈正相关关系,受教育水平越高,收入水平也相对较高,反之亦然。教育与收入关系如31表所示。

表30　受教育程度与休闲时间

休闲时间(小时:分)				
受教育程度	1996 年	2006 年	2011 年	2016 年	2016-1996
受教育程度低	05:19	05:09	05:04	04:57	−0:22
受教育程度高	04:53	04:26	04:07	03:46	−1:07
两者差异	00:26	00:43	00:57	01:11	—

　　可见,教育程度会导致休闲时间和收入的差异,那么,会否进而影响冰雪运动参与呢?本研究的数据表明,被调查者的受教育程度从"小学及以下"向"研究生"的渐次提高,"工作太忙"越来越成为阻碍居民运动参与的重要因素,而"太贵,经济不允许"就越来越显得不那么重要了。这个观点与王琪延和韦佳佳的研究成果相符,也与美国的罗斯和吴嘉苓(Rose and Chialing Wu)[②]的观点"受过良好教育的人更可能拥有较高收入和心理满足感的工作,在这些受过良好教育的人中,吸烟的更少,运动的人更多"相符合。

①　王琪延,韦佳佳.北京市居民休闲时间不平等研究[J].北京社会科学,2017(9):4-14.
②　威廉·考克汉姆.医学社会学[M].北京:中国人民大学出版社,2012.

表31 受教育程度与收入水平相关系数

相关系数	1996 年	2006 年	2011 年	2016 年
斯皮尔曼相关系数	0.041	0.259（＊＊）	0.141（＊＊）	0.06（＊）

注：＊＊＊表示 P＜0.001，＊＊表示 P＜0.01，＊表示 P＜0.1。

一般而言，休闲时间越长，收入越高，运动参与的程度会相应提高。但本研究中受过更好教育的人的休闲时间较少，但冰雪运动参与的比率为什么反而越高？本文认为，可能需要更加系统地分析受教育程度和冰雪运动参与之间的中间变量，例如，文化资本、休闲时间、收入、运动爱好、代际传承、体育价值观等，进行更深层次的路径分析才能找到更为严谨的逻辑。此问题希望能够得到后续研究的重点关注。

表32 受教育程度与运动参与阻碍

参与阻碍	小学及以下		初中		高中		大专		本科		研究生	
	频数	百分比（％）	频数	百分比（％）	频数	百分比（％）	频数	百分比（％）	频数	百分比（％）	频数	百分比（％）
没学过，不会	26	76.5	112	52.8	184	44.3	127	42.1	166	34.9	33	44.0
没有喜欢的冰雪项目	6	17.6	24	11.3	35	8.4	36	11.9	59	12.4	5	6.7
太贵，经济不允许	12	35.3	61	28.8	116	28.0	87	28.8	150	31.6	4	5.3
工作太忙	5	14.7	34	16.0	132	31.8	140	46.4	225	47.4	49	65.3
家务事太多	10	29.4	48	22.6	113	27.2	63	20.9	81	17.1	13	17.3
健康状况不允许	20	58.8	113	53.3	121	29.2	71	23.5	44	9.3	6	8.0
附近缺乏冰雪运动设施	12	35.3	106	50.0	212	51.1	161	53.3	288	60.6	35	46.7
缺少专业教练的指导	5	14.7	25	11.8	67	16.1	36	11.9	92	19.4	16	21.3
缺少组织，没人张罗	4	11.8	17	8.0	58	14.0	43	14.2	90	18.9	5	6.7

3.3.3.3.4 社会地位

社会地位简称"地位",社会地位通常也是指社会成员基于社会属性的差别而在社会关系中的相对位置及其围绕这一位置所形成的权利和义务关系。关于地位的研究通常使用"社会经济地位",但是,它并不单纯指经济,而是一个综合的指标,反映了人的财产、权力和权威的拥有状况。本研究关于社会地位的测量主要用自我评价的方法,从代表最顶层的"10"分向代表最底层的"1"分渐次降低。

表 25 数据表明,社会地位对居民参与冰雪运动影响的回归系数为 0.134,这说明社会地位和居民参与冰雪运动呈正相关,即随着居民社会地位的升高,参与冰雪运动的概率会升高。P 值 =0.000 < 0.01,这说明社会地位对居民运动参与影响非常显著。

Kokolakakis[1] 研究英国居民的体育参与后认为,社会经济地位高的群体,体育参与的程度更高;Blaxter[2] 对英国居民参与体育锻炼的研究发现,参与运动和较好的饮食习惯更多的出现于社会阶梯的高端,他认为健康的生活方式在积极的社会环境中最有效,在消极的条件下(比如贫穷)最无效。王甫勤[3] 关于我国居民健康的研究发现,越是社会经济地位高的人,越倾向于参加体育锻炼以保持健康。其原因体现在,一是社会经济地位高的人对于健康的需求比较高,二是社会经济地位高的人更有能力支付需要保持健康生活方式的文化资本和经济资本。

表 33 社会地位与冰雪运动参与

参与水平	频数	均值	最大值	最小值	标准差
高频度参与	194	6.30	9	1	2.00
体验性参与	174	5.71	9	1	1.95
从不参与	340	5.59	9	1	1.79

[1] Themis Kokolakakis etl. Analysis of the determinants of sports participation in Spain and England [J]. Applied Economics, 2012（44）: 2785-2798.
[2] Blaxter, Milderd. Health and Lifestyles[M]. London: Bell, 1990.
[3] 王甫勤.社会经济地位、生活方式与健康不平等[J].社会, 2012（3）: 125-143.

具体到冰雪运动而言,表 33 的数据表明,运动参与层次高的群体,其社会地位自评的均值越高,或者说,社会地位越高的群体越具有参加冰雪运动的意愿。仇立平和肖日葵[1]的研究认为,社会地位的获得与自身的文化资本有关,文化资本储量越高,越有可能进入更高的阶层。冰雪运动除运动属性外,还包含了很高的文化资本内涵。通过分析访谈资料,从符号和符号消费的角度看,冰雪运动包含了两个重要的符号所建构的文化资本。一是时尚,也就是个体对冰雪运动的趣味、语言、思想和行为等各种模型的随从和追求,认为参与冰雪运动是品位、格调、档次等的象征。二是随着互联网的兴起与网络社会的来临所获得的社会支持。互联网导致在冰天雪地的东北地区滑雪的人能够让温暖的海南省的家人、同事和朋友同时共享运动乐趣,这种因互联网所导致的时间、空间的虚化,使时间、空间分离开来,这种以运动参与为桥梁所引起的时空分离和脱域机制促进了更多现实生活的社会关注和社会支持,也成为人们在参与冰雪运动时所消费的符号。社会地位较高的群体在冰雪运动参与中消耗了冰雪运动的文化符号,获得了更多的社会认同和支持,进而产生对冰雪运动参与更大的认同,提高了冰雪运动参与的水平。

3.3.3.3.5 运动喜好

知之者不如好之者,个人对事物的兴趣是行为决策背后的重要机制。本研究关于冰雪运动的兴趣的测量分为 5 个等级,即非常喜欢、比较喜欢、说不上喜欢与否、不太喜欢、非常不喜欢。本研究将冰雪运动的兴趣设为虚拟变量,以"非常不喜欢"作为参照类。

表 25 的数据显示,将"非常不喜欢"作为参照后,其余四个层级"不太喜欢""说不上喜欢与否""比较喜欢""非常喜欢"对运动参与的影响的回归系数分别为:2.796、3.334、4.374、4.614。

[1] 仇立平,肖日葵.文化资本与社会地位获得[J].中国社会科学,2011(6):121-135.

可见,随着冰雪运动喜爱程度的增加,居民参与冰雪运动的概率会升高。4个喜欢程度的 P 值均小于 0.01,这说明居民对冰雪运动的喜爱程度的影响非常显著。

表34　喜爱程度与冰雪运动参与

喜爱程度	从不参与		体验性参与		高频度参与		P 值
	频数	百分比(%)	频数	百分比(%)	频数	百分比(%)	
非常喜欢	11	11.5	27	28.1	58	60.4	
比较喜欢	175	43.2	109	26.9	121	29.9	
说不清	116	71.2	33	20.2	14	8.6	0.00
不太喜欢	38	88.4	4	9.3	1	2.3	
非常不喜欢	0	0.0	1	100	0	0.0	

表34的数据充分说明兴趣对运动参与的影响,兴趣越浓,参与冰雪运动的频度和参与水平越高。但在"比较喜欢"的群体中,也有超过四成(43.2%)的人从来没有参加过冰雪运动,如何将这一部分居民吸引到运动场是一个值得研究的问题。

表35的数据表明,对于那些喜爱冰雪运动的居民而言,阻碍他们参加运动的原因多是"附近缺乏冰雪运动设施"(74.6%)、"工作太忙"(44.9%)等客观条件性的因素,而那些不喜爱的居民,"没学过,不会"(72.8%)、"健康状况不允许"(53.1%)等主体性的因素是重要障碍。王则珊[①]的研究认为,人们一般是在提高对体育活动认识的基础上,促使他们对体育活动产生兴趣、爱好,以至于形成经常参加体育锻炼的习惯。这个观点对促进冰雪运动参与同样重要,培养运动乐趣、激发参与动机,是促进冰雪运动参与的前提和起点。

---

① 王则珊.试论体育兴趣、爱好与习惯[J].体育科学,1992(4):16-18.

表 35   冰雪运动喜爱程度与居民冰雪运动参与阻碍状况

参与阻碍	非常喜欢		比较喜欢		说不清		不太喜欢		非常不喜欢	
	频数	百分比（%）	频数	百分比（%）	频数	百分比（%）	频数	百分比（%）	频数	百分比（%）
没学过,不会	31	26.3	197	33.9	210	45.2	151	56.3	59	72.8
没有喜欢的冰雪项目	5	4.2	43	7.4	65	14.0	36	13.4	16	19.8
太贵,经济不允许	41	34.7	145	25.0	159	34.2	68	25.4	17	21.0
工作太忙	53	44.9	259	44.6	176	37.8	78	29.1	19	23.5
家务事太多	24	20.3	122	21.0	113	24.3	58	21.6	11	13.6
健康状况不允许	11	9.3	96	16.5	112	24.1	113	42.2	43	53.1
附近缺乏冰雪运动设施	88	74.6	328	56.5	231	49.7	140	52.2	27	33.3
缺少专业教练的指导	41	34.7	117	20.1	59	12.7	19	7.1	5	6.2
缺少组织,没人张罗	31	26.3	110	18.9	58	12.5	17	6.3	1	1.2

3.3.3.3.6 家庭氛围

本研究对家庭氛围的测量主要是家庭中喜欢冰雪运动的人数。由表 25 数据可知,家庭氛围对居民参与冰雪运动的回归系数为 1.072,说明家庭中喜欢冰雪运动的人数越多,家庭内的冰雪运动氛围越好,家庭成员越有可能选择参加这项运动。P 值 =0.000 < 0.01,说明家庭氛围影响非常显著。

表 36   家庭氛围与冰雪运动参与

参与水平	频数	均值	最大值	最小值	标准差
高频度参与	193	1.20	5	0	0.92
体验性参与	171	1.12	3	0	0.77
从不参与	339	0.76	3	0	0.78

　　家庭是个体社会化的重要场所,从社会学的生命历程理论和社会化理论来看,家庭对个人的影响在人生各个阶段都非常重要。马江涛等[1]关于北京居民体育参与的研究认为,经常参加体育锻炼的比例随着家庭健身氛围的逐渐变好而增加。Louise[2]的研究也证实,家庭氛围的支持对青少年参与体育锻炼影响显著。表36的数据显示,在冰雪运动的"高频率参与"群体中,家庭成员喜欢冰雪运动的人数(均值)明显高于"体验性参与"和"从不参与",随着参与层次的降低,家庭喜欢冰雪运动的人数均值递减。该数据能够解释家庭氛围对居民参与冰雪运动的重要影响。

3.3.4 主办冬奥会情境下的社会心理

　　在北京主办冬奥会的背景下,社会文化和社会心理是推动大众参与的软环境,对推动大众冰雪运动普及发挥重要影响。课题组从冬奥认知与愿景、大众支持与参与、家庭喜好与父辈支持、文化传播与媒介、大众喜好与他人影响五个方面分析主办冬奥会背景下的大众心理状态。

3.3.4.1 冬奥认知与愿景

　　冬奥认知是指居民对北京主办冬奥会的信息和筹备工作的知晓程度,冬奥愿景是指居民对主办冬奥会的总体期盼。

3.3.4.1.1 冬奥认知

　　课题组设计了两个题目"您知道2022年冬奥会的主办城市吗?"和"您对2022年冬奥会的筹备工作了解吗?"来分析居民的冬奥认知,具体如表37和表38所示。

① 马江涛等.北京居民体育参与影响因素研究[J].成都体育学院学报,2016,6,60-66.
② LouiseL Hardyetl. Parental perceptions of barriers to children'sparticipation in organized sport in Australia[J]. Journal Paediatrics and Child Health, 2009 (46): 197-203.

表 37　主办冬奥会的城市调查

知道		不知道	
频数	百分比(%)	频数	百分比(%)
994	70.3	426	29.7

表 38　冬奥会筹备工作的了解情况

很清楚知道		大概知道		不知道	
频数	百分比(%)	频数	百分比(%)	频数	百分比(%)
847	59.7	494	35.0	75	5.3

　　由上表可知,北京居民对北京主办冬奥会的信息有比较高的认知。对于 2022 冬奥会主办城市这样比较容易回答的问题,70.3% 的居民能正确回答"北京联合张家口"这个准确答案;当涉及北京冬奥会的相关筹备工作时,接近六成的被访者很清楚地了解相关情况,只有 5.3% 的居民根本"不知道"。

3.3.4.1.2 冬奥愿景

　　对北京居民的冬奥愿景的调查主要分析居民对于北京冬奥会的特征的判断。特征类型的聚集有助于判断识别居民最为关注的内容与角度,从中可以总结居民的切实想法与思考,具体如图 2 所示。

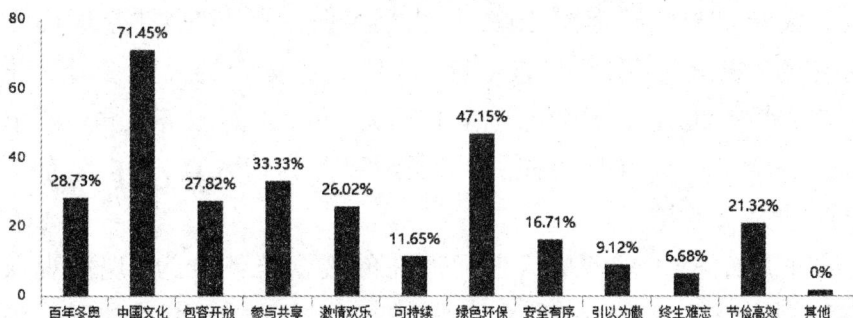

图 2　对北京冬奥会特征的愿景(与其他冬奥会相比)

　　数据显示,与其他冬奥会相比,居民对北京冬奥会特征的看法,排在前三位的是:中国文化(71.45%)、绿色环保(47.15%)和参与共享(33.33%)。"中国文化"远远高于其他特征的出现频次。

由此可见,北京居民期盼将北京冬奥会办成一届文化的盛会,将奥运文化、冰雪文化、民族节庆文化、长城文化很好地融合,举办具有中国特色、中国内涵、中国文化的冬奥会是万众期待的。

3.3.4.2 大众支持与大众参与

3.3.4.2.1 大众支持

本部分调查北京居民对申办冬奥会的社会支持。从表39的数据可知,超过90%的受访者支持北京主办冬奥会,不支持率仅占3%,民众支持率远高于俄罗斯索契冬奥会(73%)。很多受访者认为,举办冬奥会是促进我国冬季运动发展、提升社会认同与民族自豪感、彰显国家综合实力的重要历史契机。可见,北京主办冬奥会具有广泛的民众基础。

表39　主办冬奥会的大众支持

非常支持		比较支持		说不清		不太支持		非常不支持	
频数	百分比(%)	频数	百分比(%)	频数	百分比(%)	频数	百分比(%)	频数	百分比(%)
913	64.3	364	25.7	88	6.2	38	2.7	16	1.1

3.3.4.2.2 大众参与

大众参与主要考察2022年北京主办冬奥会时,北京居民中潜在的"观众"群体和"志愿者"群体。冬奥会的大众参与面非常广,其中,北京冬奥会的"潜在观众"和"志愿服务人员"两个群体必定是社会参与的核心,课题组以此为切入点,分析北京冬奥会的大众参与。

课题组将北京冬奥会期间潜在的观众群体分为"现场观众(持票观众)""媒体观众""非观众"三类。现场观众是届时将到比赛场馆现场观赏冬奥会比赛的群体,媒体观众是指通过电视转播、网络转播、报纸报道等方式观赏冬奥会比赛或信息的群体。非观众是指不到现场观看比赛,也没有兴趣通过媒介关注冬奥会的居民。调查数据显示,样本中三类观众的结构为:现场观众占比 17.7%，媒体观众占比 66.0%，非观众占比 16.3%。有 83.7% 的居民具有参与冬奥会的意愿。

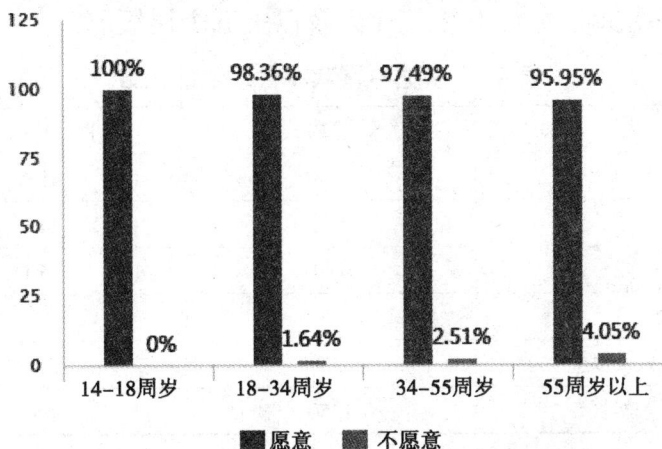

图 3 志愿服务与年龄的交叉分析

关于参与志愿者服务，图 3 的数据显示，在"您是否愿意参与冬奥会志愿服务活动？"的问题中，高达 97.96% 的受访者选择了"愿意"，这一数字在 14-18 周岁的受访群体中更是高达 100%。随着年龄的增加，受访者的参与意愿呈现微弱的递减趋势（18-34 周岁、34-55 周岁、55 周岁以上分别为 98.36%、97.49%、95.95%）。可见，北京居民对于北京冬奥会有很强的主人翁责任感，愿意为冬奥会奉献自己的力量，青年的参与意愿相对强烈。

3.3.4.3 家庭喜好与父辈支持

在前文中，都曾经讨论过北京居民冰雪运动家庭氛围和亲子参与。在之前的分析中是将家庭氛围作为影响居民个体冰雪运动参与的因素进行讨论。那么，北京居民的家庭氛围到底如何呢？对冰雪运动参与起到支撑作用了吗？支持力度如何呢？这是本部分要讨论的问题。本部分从"家庭喜好"和"父辈支持"两个方面讨论冰雪运动的家庭氛围与支持。

3.3.4.3.1 家庭喜好

家庭是培养价值观和习惯的重要场所，影响个体生活方式的形成,所以,家庭健身氛围和健身环境对家庭成员体育参与具有很大影响。本研究以"家庭中喜欢冰雪运动的人数"作为测量指标,测量指针分为 0、1、2、3、4 人及以上五个层级。

表 40　家庭中喜欢冰雪运动的人数

人数	频数	百分比(%)
0	568	45.4
1	432	34.6
2	189	15.1
3	36	2.9
4 人及以上	25	2.0
总计	1250	100

由表 40 数据可知,受访者家中"3"人喜欢冰雪运动的为 36 人,占 2.9%;"4 人及以上"的为 25 人,占 2.0%;没人喜欢冰雪运动的为 568 人,占 45.4%;有"1"位的为 432 人,占 34.6%;有"2"位的为 189 人,占 15.1%。家庭在促进冰雪运动参与方面应该发挥的机制作用还有待加强。

为了梳理"家庭喜好"的结构,将家庭喜好分为"家庭不喜好""家庭有喜好""家庭多喜好"三个层次:将家庭成员的"0"喜好界定为"家庭不喜好",将"1"界定为"家庭有喜好",将"2"及以上界定为"家庭多喜好",具体见表 41。

表 41　家庭喜好冰雪运动结构表(以参与人数为统计变量)

家庭不喜好		家庭有喜好		家庭多喜好	
频数	百分比(%)	频数	百分比(%)	频数	百分比(%)
568	45.4	432	34.6	250	20

表 41 的数据显示,有将近半数的北京家庭的冰雪运动氛围较差,家庭成员中没人喜好冰雪运动;大约两成家庭的家庭氛围比较好,喜好冰雪运动的家庭成员超过 2 人;有 1 人喜好冰雪运动的家庭占 34.6%。

如果将参与频度引入分析框架进行交叉统计分析,如表42所示。

表 42 参与频度与家庭喜好结构

家庭喜好结构	高频度参与		体验性参与		从不参与	
	频数	百分比(%)	频数	百分比(%)	频数	百分比(%)
家庭不喜好	28	18.2	84	22.8	456	62.6
家庭有喜好	71	46.1	178	48.4	183	25.1
家庭多喜好	55	35.7	106	28.8	89	12.2

表42的数据显示,三种参与频度的被访者的家庭参与氛围相比较,"高频度参与"与"体验性参与"相比,两者差距较小,但两者与"从不参与"比较差异非常明显。八成左右参加冰雪运动的人其家庭成员中也有人喜欢冰雪运动,超过六成不参加冰雪运动的人其家庭成员无一人喜欢冰雪运动。

综上所述,冰雪运动参与较好的居民其家庭氛围较好,而从不参与冰雪运动的居民的家庭,其成员也大多不喜好此类运动。在北京居民的家庭中,有较强冰雪运动喜好的家庭占到2成(20%)左右,而完全没有氛围的大致占比45.4%,冰雪运动的家庭氛围有待加强,家庭对个体运动参与的支持偏弱。

3.3.4.3.2 父辈支持

北京居民带孩子参加冰雪运动的频度:"经常"的占2.9%;"有时"的占18.5%;"偶尔"的占23.3%;"很少"的占16.9%;"从不"的占38.4%,具体见表43。

表 43 居民带孩子参加冰雪运动情况

经常		有时		偶尔		很少		从不	
频数	百分比(%)	频数	百分比(%)	频数	百分比(%)	频数	百分比(%)	频数	百分比(%)
16	2.9	103	18.5	130	23.3	94	16.8	214	38.5

如果引入参与水平变量,将父母的参与水平与亲子参与、参

与属性分别做交叉分析,可得表44和表45。

表44 参与水平与亲子参与

参与水平	经常参加	有时参加	偶尔参加	很少参加	从不参加
高频度参与	6.4%	44.9%	26.9%	15.4%	6.4%
体验性参与	5.8%	23.4%	37.7%	14.9%	18.2%
从不参与	0.9%	9.8%	15.7%	18.2%	55.7%

表45 参与水平与亲子参与属性

参与水平	娱乐性活动	正规训练	冰雪自助项目
高频度参与	37.0%	16.4%	46.6%
体验性参与	50.0%	15.1%	34.9%
从不参与	46.9%	12.6%	40.6%

表44的数据表明,三种参与频度比较而言,从"高频度参与"到"体验性参与"再到"从不参与",父母带孩子参与运动的频度逐渐降低,也就是说,如果父母经常参与冰雪运动,他(她)就更具有带领子女参与冰雪运动的倾向,父母参与水平越高,这种亲子共同参与的机会也会更多,反之亦然。

但是,综合分析上述三个表中的数据来看,北京居民以亲子共同参与的方式参加冰雪运动的状况并不好,主要表现在两个方面。一是参与频度。数据显示,经常带孩子参加冰雪运动的比例仅为2.9%,而"从不"的占38.5%。表44的数据显示,在"高频度参与"冰雪运动的父母中,经常带孩子参加冰雪运动的比例也仅占6.4%。二是参与质量。表45的数据表明,父母(无论父母是否参与或参与水平高低)带子女参加正规训练的比例都不高,而更多的是带孩子参加娱乐性的活动,或自主性的体验项目。从参与属性的角度看,父辈仍然把冰雪运动参与看做一种休闲,对子女参加专业化的系统训练的支持力度不够,子女参与运动的质量偏低。

休闲式的运动参与很难让参与者体会到冰雪运动的独特乐趣,参与者也很难深刻领悟冰雪运动的价值和文化,并进一步产生对运动参与的追求。显然,当子女长大后,这种缺乏运动技能和价值认同支撑的、偏重于休闲性和娱乐性的参与模式将难以持续。因此,提升亲子参与的运动属性是非常必要的,已经养成冰雪运动爱好的父母如何让这种生活方式在子女身上复制而获得代际传承是一个值得深入分析的问题。

3.3.4.4 文化传播与媒介

了解并认同冰雪运动文化对养成参与冰雪运动的兴趣和习惯至关重要,也是主办冬奥会所必需的社会文化。本部分的研究重点在于分析北京居民的信息传播媒介,为冰雪运动文化的传播探讨适宜的传播渠道。

问卷所调查的社会知识传播的途径主要包括以下几个方式:报纸书籍、广播、电视、互联网、定制手机信息、宣传广告或册子、健身场所指南、咨询专业人员、现场观看体育赛事、与他人交流、参加专家讲座。

3.3.4.4.1 重要传播媒介

表 46　居民获取知识和信息的途径

途径	每天(%)	一周数次(%)	一月数次(%)	一年数次(%)	从不(%)
报纸书籍	2.4	8.9	23.4	26.7	38.5
广播	3.8	13.8	17.1	22.1	43.1
电视	13.0	26.8	19.9	24.4	15.8
互联网	13.5	18.6	16.4	19.2	32.2
定制手机信息	2.9	14.0	13.8	14.3	54.9
宣传广告或册子	0.4	3.0	16.9	25.8	53.8
健身场所指南	0.2	2.2	8.8	20.3	68.5
咨询专业人员	0.2	1.4	6.0	18.1	74.2
现场观看体育赛事	0.3	2.1	5.3	19.2	73.0
与他人交流	0.5	5.3	17.1	25.0	52.0
参加专家讲座	0	0.7	3.4	14.1	81.8

表46中的数据调查了居民通过各类媒介获取冬奥会信息和知识的频率。以"每天"为标准进行频度测量,信息媒介利用率比较高的是互联网(包括移动互联网)和电视,其中互联网占13.5%,电视占13.0%。对于冰雪运动的信息传播而言,互联网和电视在获取信息方面发挥着巨大的作用。互联网属于现代新型媒体,以其时效性、信息量大等优势成为当代中国社会的主流媒体,影响着包括知识和信息的获得在内的人们生活的方方面面。电视自20世纪在家庭普遍使用以来,主宰着人们大部分的休闲生活,人们通过电视这种媒介获取信息,了解外部世界,欣赏精彩的表演和体育比赛,对人们精神文化生活的丰富和改善发挥了非常重要的作用。

频度排序稍低一些的传播媒介包括报纸书籍、定制手机信息、广播,分别所占比例为:2.4%、2.9%、3.8%。报纸书籍和广播属于传统媒体,在使用的方便性方面要差一点,定制手机信息属于信息获取的新途径,但是对于年龄稍长者,使用起来还是具有一定困难。

通过宣传广告或册子、健身场所指南、咨询专业人员、现场观看体育赛事、与他人交流、参加专家讲座这些媒介获取冬奥知识的人数比例比较少。

3.3.4.4.2 问题与分析

出现上述结果与各类媒介所具有的优势、相关信息发送者选取媒介的原则、受众的媒介使用习惯有关。目前来看,互联网和电视的渠道是首选,广播和纸媒是第二类的选择。

深入分析居民获取知识和信息的媒介会发现,目前居民乐于采用的媒介大多属于"被动接受式"的传播方式,而"现场观看体育赛事""参加专家讲座""咨询专业人员"这类面对面的、互动式的传播方式反倒不受欢迎。利用"现场观看体育赛事"这一相当重要的媒介获取冬奥和运动知识的比例非常低。一方面是运动现场的宣传、文化包装欠缺,居民在参与过程中对这些信息和知识的关注度不够；另一方面是参与者对此类赛事的兴趣不高，到现场观赛的比率低。

"参加专家讲座"和"咨询专业人员"这类渠道的利用率最低。"参加专家讲座"和"咨询专业人员"本是难得的与专业人员进行交流的机会，对于居民获取运动知识、获得技术指导和观赛指南都很重要。但被调查对象对此重要的人际互动的渠道的冷淡反映出冰雪运动专业知识和信息的社会传播渠道还不通畅，专业人士对于冬奥知识的宣传所发挥的作用还没有显现，应该给予高度重视和关注。

总体来看，居民在获取冰雪运动的信息和知识时主要采用的传播媒介是新媒体，或者叫电子媒体，例如，电视、互联网、广播、数字产品等；而运动场所内的纸质媒体，例如，健身场所指南、宣传广告或册子等并未受到较多关注。最主要的，咨询专业人员、与他人交流、参加专家讲座这种既具有互动性又具有较高专业化的人际传播渠道远未发挥应有的作用。所以，如何在巩固新媒体的综合优势的基础上，开发多样性的自媒体传播途径，并打造出一系列集专业性、知识性、互动性于一体的人际传播渠道，是在北京即将主办冬奥会的背景下增强冰雪运动文化渗透力所必须面对的一个问题。

3.3.4.5　大众喜好与他人影响

3.3.4.5.1　冰雪运动的大众喜好

兴趣是个人参与体育锻炼的内在动力，居民对冰雪运动的喜欢程度，是影响其是否能够经常参与冰雪运动最根本的因素。

表47　受访者对冰雪运动的喜欢程度

喜欢程度	频数	百分比（%）
非常喜欢	77	6.3
比较喜欢	408	32.6
说不上喜欢或不喜欢	399	31.9

续表

喜欢程度	频数	百分比（%）
不太喜欢	228	18.2
非常不喜欢	138	11.0
总计	1 250	100

由表47中数据可知，北京居民喜欢冰雪运动的（非常喜欢占6.3%；比较喜欢占32.6%）占到38.9%，将近四成；说不上喜欢或不喜欢占31.9%；不太喜欢和非常不喜欢的人数比例分别为18.2%和11.0%，两者相加为29.2%。

处于两端的"非常喜欢"和"非常不喜欢"所占比例都不高，而中间的"说不上喜欢或不喜欢"和"比较喜欢"者大致相当，而且占很大比例，说明北京居民对冰雪运动的喜好处在所谓"热点"和"冷点"之间的中间段徘徊。访谈资料表明，很多受访者对冰雪运动项目并不了解，也缺乏体验，并没有形成十分完整、具体乃至深刻的认识，自然也难以说明自己对其的喜好程度。

如果将参与者的参与水平引入分析框架，可得表48。数据表明，无论中等程度的体验性参与还是更高水平的高频度参与，参与者大多喜欢冰雪运动（都超过60%），不喜欢冰雪运动的比例都不足10%；而在不参与冰雪运动的居民中，喜欢冰雪运动的占20.5%，而不喜欢的达到了44.2%。显然，是兴趣和对运动的认同支撑了参与运动的行为，培养参加冰雪运动的社会喜好是提高参与水平的前提。

表48　参与水平与运动兴趣表

喜欢程度	高频度参与		体验性参与		从不参与	
	频数	百分比（%）	频数	百分比（%）	频数	百分比（%）
非常喜欢	25	16.2	28	7.5	24	3.3
比较喜欢	80	51.9	203	55.2	125	17.2
说不清	39	25.3	103	28.0	257	35.3
不太喜欢	10	6.6	33	9.0	185	25.4
非常不喜欢	0	0.0	1	0.3	137	18.8

从目前居民对冰雪运动的喜爱程度来看,居民参与冰雪运动的社会心理动因还不够充足。如何借助现代化传媒手段加强冰雪运动的宣传,使更多人了解冰雪运动、喜欢冰雪运动,促使更多的人参与冰雪运动,实现冰雪运动人口的可持续增长,是需要考虑的问题。

3.3.4.5.2 重要他人的影响

从某种角度讲,学习和参与冰雪运动也是一个个体社会化的过程,受家庭和社会等综合性因素的影响。本研究将影响居民参与冰雪运动的重要他人归纳为以下几类:父母、兄弟姐妹、亲戚、朋友、教师、同学。

表 49　影响受访者参与冰雪运动的他人情况

影响人	频数	百分比(%)
父母	116	15.9
兄弟姐妹	62	8.5
亲戚	99	13.6
朋友	303	41.6
教师	25	3.4
同学	71	9.8
其他	52	7.2
总　计	728	100

由表 49 中数据可知,是否参加冰雪运动的最大影响来自"朋友",占 41.6%,之下是父母占 15.9%,亲戚占 13.6%,同学占 9.8%,兄弟姐妹占 8.5%,教师占 3.4%。

根据上表数据,如果将朋友、同学、兄弟姐妹这类同辈群体的影响进行综合考虑,对个人参加冰雪运动的影响非常显著。同辈群体是由一些年龄、兴趣、爱好、态度、价值观、社会地位等方面较为接近的人所组成的一种非正式初级群体。同辈群体在各个年龄段,特别是在青少年中普遍存在,他们交往频繁,时常聚集,彼此间有着很大的影响。同辈群体是个体成长发展的一个重要的环境因素,尤其是在青少年时期,同辈群体的影响非常重要,甚至有可能超过父母和教师的影响。

本研究的前述数据统计表明,冰雪运动参与度最高的是青少年群体和受教育程度比较高的群体,这两类群体的同质性比较强,对群体的认同度较高,都是互联网的重要使用者,在互联网环境下参与者对冰雪运动参与的炫耀极易产生一种社会参照效应,形成内群体,进而在群体内部发挥重要影响。

3.3.5 冰雪运动参与的社会需求

体育参与理论将体育参与分为"直接参与"和"间接参与"两种形式,本部分的研究也从直接参与和间接参与两个角度分析居民参加冰雪运动的社会需求。

3.3.5.1 间接参与的社会需求

本问题所调查的是 2022 年北京冬奥会的"潜在观众"及其需求,将冬奥会观众分为"持票观众(现场观众)""媒体观众"和"不观看"三类。其中,持票观众是北京冬奥会的重要参与者和相关方,其群体需求是本部分研究重点关注的主题。三类观众群体的结构如表 50 所示,持票观众的需求如表 51 所示。

表 50　北京冬奥会观众群体结构

持票观众		媒体观众		不观看	
频数	百分比(%)	频数	百分比(%)	频数	百分比(%)
268	17.7	1 000	66.0	248	16.3

持票观众最关心的问题包括交通问题(22.4%)、购票方便(19.1%)、门票价格合理(20.6%)。此外,持票观众还关注是否能够方便地获得比赛信息(9.8%)、赛场秩序(10.9%)、文明观赛(7.4%)、维护购票秩序(3.4%)等方面。观众特别期望冬奥会的举办能增加居住地附近的冰雪运动场馆数量,让他们能够届时观

赏冰雪运动比赛更为方便。

表 51   北京冬奥会现场观看比赛需求

需求	频数	百分比
交通方便	172	22.4
购票方便	147	19.1
获得比赛信息方便	75	9.8
赛场秩序良好	84	10.9
观众观赛文明	57	7.4
门票价格合理	158	20.6
场馆服务周到	49	6.4
打击票贩,维护购票秩序	26	3.4

3.3.5.2 直接参与的需求

冰雪运动的开展会受到来自经费投入、场地设施、服务、气候等因素影响,本研究结合 2014 年"北京申办冬奥会的社会心态与大众参与研究"课题的数据以及本课题的研究需要,将影响运动参与的因素归纳为 9 种(图 4)。为了让问题能够容纳更多的信息,并力图使问题的所指更加鲜明和凸出,课题组从"反向"对需求进行调查,也就是从阻碍运动参与的因素的角度对需求进行调查。数据统计结果如图 4 所示。

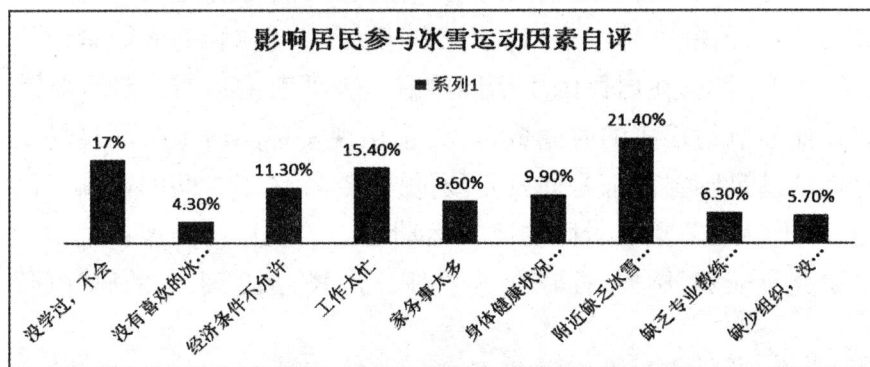

图 4   运动参与的阻碍因素

为了将阻碍因素转化为需求,根据阻碍因素与需求的对应关系(表52),可以分析冰雪运动参与群体的社会需求,从参与主体因素和参与条件因素两个方面进行分析。

表52　阻碍因素与需求对应表

需求性质	序号	问题(阻碍因素)	对应的需求
主体性需求	1	没学过,不会	运动体验需求
	2	没有喜欢的冰雪项目	兴趣培养需求
	3	身体健康状况不允许	健康需求
条件性需求	4	经济条件不允许	经济需求
	5	家务事太多	家庭减负需求
	6	附近缺乏冰雪运动场地设施	场地设施需求
	7	缺少组织,没人张罗	组织化需求
	8	工作太忙	休闲时间需求
	9	缺乏专业教练指导	专业性需求

从需求的层次来看,"组织化需求"和"专业性需求"是参与者的运动水平达到一定水平后的更高层次的需求,其他则为基本性需求。

条件性需求主要是:"场地设施需求""休闲时间需求""经济需求"。条件性需求的具体表现三个方面。一是场地设施需求要求要有比较方便和适宜的运动场馆设施,因为居民"工作太忙"(在影响的因素中排序第二),"家务事太多"(在影响的因素中排序第四),所以,在居民的生活圈中有比较便宜的冰雪运动设施就能让他们节约很多的时间成本,无论从现实性的需求层面还是从心理的满足感层面都是非常重要的。二是,休闲时间的需求。因为"工作太忙"阻碍居民的冰雪运动参与的观点已经被多位学者的研究所证实,例如,杜晓红等[①] 对于大学生体育锻炼的研究、蔡

---

① 杜晓红等.北京市大学生体育锻炼态度和行为的调查研究[J]首都体育学院学报,2007(1):70-72.

睿等①的研究、张彦峰等②的研究,等等。随着全球化进程所导致的知识结构代际更替的加快,人们的休闲时间被极大地挤压,居民消耗半天甚至几天时间参与冰雪运动,时间成本确实令人忧虑。如何促使居民将有限的休闲时间更多的用于冰雪运动参与,如何打造一种在有限时间内能够实现更大程度参与的参与模式,是解决居民参与时间需求的必要考量。三是,经济性需求。虽然学界认为,我国已经具备了普及冰雪运动的经济基础(人均 GDP 8 000 美元),但还是有相当多的居民认为参加冰雪运动会面临经济困难,因此,降低运动参与的经济负担是符合社会需求的。调查显示,北京受自然条件的限制,冰雪运动一般在冬季开展,但北京免费或低价的冰雪运动的场所很少。以消费比较高的滑雪为例,北京有 16 个滑雪场,这些场所均为市场化运作,运营成本的因素导致收费比较高。而且,这些场所一般分布在离市区比较远的山区,居民周末参加一次滑雪运动,交通、饮食、门票消费平均需要至少 400 元,该价格对于一般消费者还是比较高的。目前,我国冰雪运动的群众基础还比较薄弱,市场规模较小,所以,为解决上述的条件性需求而进行一定的政策倾斜和政府支持是必要的,例如,兴建一些有政府背景的、有一定财政和税务补贴的运动场地设施是目前为居民参与冰雪运动减负的现实需要。

主体性需求中最主要的是运动体验需求。从居民的主观性需求来看,居民认为"没学过,不会"是影响运动参与的最重要的主体性因素,很多居民需要一定的运动体验才能对该类运动产生认识、培养兴趣、形成认同。因而,从促进运动参与的角度讲,增强学习的机会和运动体验是非常必要的。所以,培养运动兴趣、培训运动技能、增强运动美好体验就显得尤为重要。只有具备了冰雪运动的兴趣和技能,居民才能从心理层面产生对运动的忠

① 蔡睿,李然等.中国居民参加体育锻炼的区域差异比较[J].体育科学,2009(7):11-18.
② 张彦峰,江崇民等.中国城镇与乡村居民参加体育锻炼差异分析[J].中国体育科技,2010(3):3-9.

诚,在行动上培养运动参与的行为模式。

另外,如果将"参与频度"引入分析框架,可以分析不同参与水平的人群的需求差异。表53的数据显示,对于不同参与水平的居民而言,其参与需求有共性也有差异。共同点包括休闲时间需求和场地设施需求,这两种需求已经进行了讨论。不同之处主要体现在,"高频度参与"者认为,冰雪运动参与达到较高水平后,运动参与的组织性和专业性服务就显得非常必要,这是保障参与质量的重要支撑;而对于"从不参与"群体而言,体验需求和兴趣培养的需求等这种初始阶段的基本性需求是其主要的诉求。

表53　受访者参与程度与阻碍因素特征

阻碍因素	高频度参与	体验性参与	从不参与
没学过	3.93%	7.65%	15.92%
没有自己喜欢的项目	7.85%	4.89%	11.03%
没经济条件不允许	4.16%	6.32%	5.25%
工作太忙	21.94%	24.46%	14.93%
家务事太多	10.62%	12.13%	12.85%
健康不允许	4.62%	6.01%	12.59%
缺乏设施	21.25%	19.88%	14.05%
缺乏健身指导	15.24%	11.01%	7.60%
缺少组织,没人张罗	10.39%	7.34%	5.72%

4 2017 年北京居民冰雪运动参与调查

2016 年完成北京居民冰雪运动参与状况调查后,为了进一步掌握北京居民冰雪运动参与的变化,2017 年 1 月至 4 月,又进行了针对北京居民的第二次调查,调查问卷中涉及的参与模块和 2016 年的基本相同 ,而在其中也新增加了居民对 2022 年北京冬奥会的愿景、参与意愿等的调查模块。

本研究在课题申请阶段、问卷设计阶段、问卷调查阶段以及论文撰写阶段,通过中国人民大学图书馆馆内藏书及电子资源以及互联网,对国内外关于冰雪运动的相关研究进行了检索和研读,为本研究的进行奠定了坚实的基础。

4.1 调查问卷设计及抽样

本次调查主要运用问卷调查方法,具体的问卷的设计以及样本的选择情况如下:

本研究关于北京居民冰雪运动的参与状况的数据搜集主要通过问卷调查法。该调查问卷在设计时,借鉴了国家体育总局国民体育参与调查、中国人民大学和香港中文大学合作主持的国家社科重大课题中国综合社会调查(英文简称 CGSS)、国际体育调查、国际健康调查等调查的问卷,通过中国人民大学体育部、社会与人口学院社会学系、公共管理学院、新闻学院的部分专家研讨,初步确定,并通过对北京双榆树社区居民进行预调查,对问卷进行修改最终确定。问卷的变量清单如表 54 所示。

本调查的样本框为中国综合社会调查 2015 年调查的样本框,共涉及北京的东城、西城、朝阳、海淀、丰台、昌平、大兴、房山、平谷、顺义 10 个区,一共抽取 1 518 个样本。调查的时间是 2016 年 12 月至 2017 年 1 月。最终调查样本按照 CGSS 的调查样本进行。中国综合社会调查的样本,是中国人民大学统计学院按照各地社会经济发展水平,采取多阶分层 PPS 随机抽样方法进行抽样。该抽样方法的科学性及有效性得到国际调查组织认可。

本研究的调查人员均经过培训,问卷填答采用调查员按照问卷问题向被调查人询问,被调查人回答,调查员填答的方式。

本研究对问卷调查的各问题进行编码,并录入 SPSS22.0 统计软件包,并通过软件进行各种统计分析。

表 54 问卷变量清单和结构

系统	变量	问题
背景信息	性别	A1
	年龄	A2
	教育程度	A3
	就业状况	A4
	职业	A5
	单位类型	A6
	年收入	A7
影响因素	家庭支持	B1
	场地设施	B2
	组织情况	B3
	生活方式	B4.5.6
	个人认同	B7
冬奥参与	冬奥认知	C1.2.3
	冬奥认同	C4.5
	间接参与	C6.7
	直接参与	C8.9
	信息来源	C10.11

4.2   调查结果

4.2.1 本研究调查的样本情况

本研究样本共计 1 518 名，均为北京市居民，具体样本特征如表 55 所示。

表 55   样本性别特征

性别	频数	百分比（%）
男	757	49.9
女	761	50.1

由表 55 数据可知，本调查样本中男性 757 人，占总调查人数的 49.9%；女性 761 人，占总调查人数的 50.1%。

表 56   样本年龄特征

样本数	最大值	最小值	平均数	标准差
1 518	79	19	46.29	14.58

由表 56 数据可知，本次调查的样本年龄状况如下：最大值是 79 岁，最小值为 19 岁，平均年龄 46.29 岁，标准差为 14.58。

表 57   样本受教育程度特征

受教育程度	频数	百分比（%）
小学及以下	34	2.2
初中	212	14
高中	416	27.4
大专	305	20.1
本科	475	31.3
研究生及以上	76	5

由表 57 数据可知,本次调查样本受教育程度情况如下:小学及以下 34 名,占 2.2%;初中 212 名,占 14%;高中 416 名,占 27.4%;大专 305 名,占 20.1%;本科 475 名,占 31.3%;研究生及以上 76 名,占 5%。

表 58　样本就业特征

就业状况	频数	百分比(%)
全职工作	858	56.5
兼职工作	63	4.2
离退休	383	25.2
料理家务	50	3.3
正在上学	112	7.4
无工作	38	2.5
其他	14	0.9

由表 58 数据可知,本次调查样本就业特征如下:全职工作 858 人,占 56.5%;兼职工作 63 人,占 4.2%;离退休 383 人,占 25.2%;料理家务 50 人,占 3.3%;正在上学 112 人,占 7.4%;无工作者 38 人,占 2.5%。

4.2.2 居民参与冰雪运动基本状况分析

本次调查对居民冰雪运动参与的调查涉及居民对冰雪运动喜爱状况、是否曾参与冰雪运动、参与次数、参与时间、参与性质、第一次参与时间、亲子参与状况等问题。

4.2.2.1 居民对冰雪运动喜爱状况

兴趣是个人行动的自我动力源,居民对冰雪运动的喜爱程度影响着居民对冰雪运动的参与意愿。居民对冰雪运动越喜欢,越有可能参与冰雪运动。

表 59　居民对冰雪运动的喜爱状况

性别	非常喜欢		比较喜欢		说不清		不太喜欢		不喜欢	
	频数	百分比（%）	频数	百分比（%）	频数	百分比（%）	频数	百分比（%）	频数	百分比（%）
男	72	9.5	318	42	244	32.2	97	12.8	26	3.4
女	47	6.2	264	34.7	224	29.4	171	22.5	55	7.2
总体	119	7.8	582	38.3	468	30.8	268	17.7	81	5.3

由表 59 数据可知,北京居民有将近五成喜欢冰雪运动,有两成以上的人不喜欢冰雪运动。其中非常喜欢和比较喜欢冰雪运动的人数分别为 119 和 582,所占比例分别为 7.8% 和 38.3%,两者相加为 46.1%。不太喜欢和不喜欢的人数分别为 268 和 81,所占比例分别为 17.7% 和 5.3%,两者相加为 23%。

男性喜欢冰雪运动的人数比例比女性高。男性非常喜欢和比较喜欢冰雪运动的人数比例分别为 9.5% 和 42%,两者相加为 51.5%,女性非常喜欢和比较喜欢的比例分别为 6.2% 和 34.7%,两者相加为 40.9%,男性比例高于女性。女性不喜欢冰雪运动的人数比例高于男性。男性不太喜欢和不喜欢冰雪运动的人数比例分别为 12.8% 和 3.4%,两者相加为 16.2%;女性不太喜欢和不喜欢的人数比例分别为 22.5% 和 7.2%,两者相加为 29.7%,所以女性不喜欢冰雪运动的比例远高于男性。

4.2.2.2 居民参与冰雪运动状况

本研究对居民是否曾经参与过冰雪运动进行调查,表 60 是居民是否曾经参与过冰雪运动状况表。

表 60　居民参与冰雪运动状况

性别	曾参与过		未曾参与过	
	频数	百分数（%）	频数	百分数（%）
男	406	53.6	351	46.4
女	302	39.7	459	60.3
总体	708	46.6	810	53.4

由表 60 数据可知,居民曾经参与过冰雪运动的人数为 708,所占比例为 46.6%,未曾参与过冰雪运动的人数为 810,所占比例为 53.4%。所以,居民从未参与过冰雪运动的人数比例高于五成,所占比例比较高。男性未参加过冰雪运动的人数比例为 46.4%,女性为 60.3%,女性远高于男性。

北京居民未曾参与过冰雪运动的人数比例比较高,并且女性远高于男性,这说明北京居民冰雪运动参与有待提高。

4.2.2.3 居民参与冰雪运动的次数和时间

本次调查对居民 2016 年参与冰雪运动的次数和每次平均时间进行了调查,把时间确定为上一年是为了对居民一年的滑雪季节的总滑雪次数进行调查。

表 61 居民年参与冰雪运动和时间状况

性别	参加次数			每次时间(分钟)		
	最大值	最小值	均值	最大值	最小值	均值
男	16	0	1.17	300	0	148.5
女	13	0	1.02	300	0	153.9
总体	16	0	1.11	300	0	150.7

由表 61 数据可知,北京居民 2016 年平均参加冰雪运动的次数是 1.11 次,每次平均时间为 150.7 分钟。参加次数最大值为 16 次,最小为 0;每次参加时间最大值为 300 分钟,最小为 0。根据国外关于冰雪人口的统计,国外认为每个冰雪季参加冰雪运动平均次数为 1.6 次以上者,为冰雪运动人口,北京居民参与冰雪运动年平均次数为 1.11 次,低于国外冰雪人口标准。

4.2.2.4 居民参加冰雪运动性质状况

本研究对居民参与冰雪运动的性质状况进行了调查,根据文献将冰雪运动分为冰雪嘉年华、专业训练以及公园冰雪自助。

表62　居民参与冰雪运动的性质状况

冰雪嘉年华		专业训练		公园冰雪自助		其他	
频数	百分比（%）	频数	百分比（%）	频数	百分比（%）	频数	百分比（%）
113	30.9	48	13.1	200	54.6	5	1.4

由表62数据可知,居民参加冰雪运动的性质主要是公园冰雪自助项目,占冰雪运动参与的54.6%,其次是冰雪嘉年华娱乐活动,占30.9%,进行冰雪运动专业训练的比例为13.1%。这说明居民参与冰雪运动主要是参与一些休闲娱乐性质的冰雪运动项目,进行冰雪运动专业训练的人数比较少。这和我国一些相关研究比较吻合,如马毅和吕晶红[①]关于我国冰雪运动后备人才的研究表明,我国冰雪运动各专业后备人才比较欠缺,不能满足我国建设"冰雪强国"的需要。

4.2.2.5　居民第一次参加冰雪运动年龄状况

冰雪运动是具有一定危险性的运动,年龄越小越便于训练。因此第一次参与冰雪运动的年龄对居民能否持续参与冰雪运动具有重要意义。

表63　居民第一次参与冰雪运动年龄状况

最大值	最小值	均值	标准差
50	4	14.6	7.7

由表63的数据可知,居民参与冰雪运动最小年龄为4岁,最大年龄为50岁,平均值为14.6岁。这说明北京居民参与冰雪运动的平均年龄比较小,处于青少年时期,这将有利于居民掌握冰雪运动技能,培养冰雪运动兴趣,形成参与冰雪运动的习惯。

---

① 马毅,吕晶红.我国备战2022年冬奥会重点项目后备人才培养问题探究[J].体育科学,2016（4）:3-10.

4.2.2.6 居民参与冰雪运动组织状况

现代社会最大的特性就是组织性,人的很多行为都是受到组织的影响。休闲限制因素中,人际关系在个体行动阶段影响非常大,而组织是人际关系的一种系统,对个体能否参与冰雪运动具有一定的影响。

表 64　居民参与冰雪运动组织状况

参加		未参加	
频数	百分比(%)	频数	百分比(%)
31	8.5	332	91.5

由表 64 的数据可知,北京居民参与冰雪运动时,参与组织的比较低,未参加组织的比例占到 91.5%,参加组织的比例仅为 8.5%。

表 65　居民参与冰雪运动组织类型状况

单位组织		社区组织		自发组织		商业俱乐部		体育管理部门协会	
频数	百分比(%)	频数	百分比(%)	频数	百分比(%)	频数	百分比(%)	频数	百分比(%)
3	9.1	4	12.1	15	45.5	7	21.2	4	12.1

表 65 是居民进行冰雪运动时参与的组织的类型状况,由数据可知,居民进行冰雪运动时参与的组织主要是自发性组织,占 45.5%;其次是商业俱乐部,占 21.2%;社区和体育部门组织的均占 12.1%,单位组织占 9.1%。

结合表 64 和表 65 可知,北京居民参与冰雪运动时很多都是个人参加,缺乏组织参与。我们的单位、社区、体育管理部门应该注重对居民参加冰雪运动进行组织,这样可以调动居民参与冰雪运动的积极性,使居民在参与组织活动、享受组织资源的同时,增进居民对单位、社区等部门的归属感和认同感;居民也可以通过参加单位、社区等组织的冰雪运动活动,增强居民人际互动,增加社会资本,使得居民社区生活更美好,更幸福。

4.2.2.7 居民冰雪亲子活动

很多研究表明,居民参加体育锻炼受到代际的影响。父母亲参与体育活动的程度以及带孩子参与体育活动的程度会影响孩子参加体育锻炼的状况。

表 66　居民带孩子参加冰雪运动状况

经常		有时		偶尔		很少		从不	
频数	百分比（%）	频数	百分比（%）	频数	百分比（%）	频数	百分比（%）	频数	百分比（%）
14	2.1	72	10.6	149	21.9	180	26.5	264	38.9

由表 66 中的数据可知,居民带孩子参与冰雪运动的频率为:经常、有时、偶尔、很少、从不,它们的比例分别为:2.1%、10.6%、21.9%、26.5%、38.9%。这说明有 38.9% 的居民从不带孩子参加冰雪运动,很少带孩子参加冰雪运动的占 26.5%,这两者相加占 65.4%。这种状况影响了孩子冰雪运动兴趣的培养,对于孩子掌握冰雪运动技能,形成参与冰雪运动的习惯产生不利影响。

表 67　居民带孩子参加冰雪运动性质状况

冰雪嘉年华		专业训练		公园冰雪自助		其他	
频数	百分比（%）	频数	百分比（%）	频数	百分比（%）	频数	百分比（%）
160	37.6	42	9.9	222	52.1	2	0.5

由表 67 的数据可知,居民带孩子参与冰雪运动的性质主要是公园自助类的冰雪运动,占 52.1%,其次为冰雪嘉年华娱乐项目,带孩子进行冰雪运动专业训练的比例比较少,仅为 9.9%。

出现这种现象主要是因为以下方面,冰雪嘉年华娱乐项目和公园冰雪自助项目场地限制不高,在北京市区公园里相对较多,如北京颐和园、玉渊潭等公园,冬天都会开展滑冰项目,居民参与该类项目比较方便。专业性比赛的场地比较少,而且由于冰雪运动在北京普及率不高,很多居民自己都不了解,也并不掌握专业冰雪运动技能,只能带孩子玩一玩娱乐性的冰雪运动项目。

4.2.2.8 冰雪运动教育状况

学校是任何一项运动普及与发展的重要阵地,因为学校是对公民进行技能培养的重要组织机构,学校将冰雪运动纳入其体育教育体系,对于冰雪运动的普及与发展具有重要的作用。

表68　居民孩子所在学校开设冰雪运动课程情况

开设		未开设	
频数	百分比(%)	频数	百分比(%)
83	12.3	594	87.7

由表68的数据可知,北京大部分中小学未开设冰雪运动课程,占87.7%;开设冰雪运动课程的仅占12.3%。这将对北京冰雪运动的普及与发展不利。很多专家认为对于冰雪运动的普及和我国冰雪运动后备人才的培养最有效的途径就是开展"冰雪运动进校园活动"。建议有条件的省、自治区、直辖市开展以中小学为主的"冰雪运动进校园活动",这是夯实我国冬奥项目发展基础的有效手段。

北京作为2022年冬奥会的主办城市之一,为了普及冰雪运动项目,营造冬奥会良好的城市氛围,打造良好的比赛环境,北京市教委等相关部门应该根据需要,建设一批冰雪运动示范学校,促进冰雪运动在北京的普及与发展。

4.3　影响居民参与冰雪运动的因素分析

4.3.1　阻碍因素——居民自我评价

居民自我评价是体育参与影响研究经常使用的方法,体育总局进行的国民体育锻炼调查就涉及该类问题。本研究根据以往的调查,结合冰雪运动的特点设计了居民参与冰雪运动阻碍因素的调查。阻碍因素共有9个,分别为:没有学过,不会、没有自己喜欢的冰雪项目、太贵,经济条件不允许、工作太忙、家务事太多、身体健康状况不允许、附近缺乏冰雪运动设施,运动不方便、缺乏专业的冰雪运动教练的指导、缺少组织,没人张罗。

表69　阻碍居民参与冰雪运动自评状况

阻碍因素	频数	百分比(%)
没有学过,不会	648	17.0
没有自己喜欢的冰雪项目	165	4.3
太贵,经济条件不允许	430	11.3
工作太忙	585	15.4
家务事太多	328	8.6
身体健康状况不允许	375	9.9
附近缺乏冰雪运动设施,运动不方便	814	21.4
缺乏专业的冰雪运动教练的指导	241	6.3
缺少组织,没人张罗	217	5.7

由表69的数据可知,阻碍居民参与冰雪运动前4位的因素分别是:附近缺乏冰雪运动设施,运动不方便(21.4%)、没有学过,不会(17.0%)、工作太忙(15.4%)以及太贵,经济条件不允许(11.3%)。

这说明冰雪运动场地和设施的缺乏,是影响北京居民参与冰雪运动的首要条件。以北京的滑雪场为例,北京附近共有13个知名度较高的滑雪场,对于2 000万北京居民来说并不多,并且这些滑雪场距离北京市区几十公里,交通不是非常方便。所以,对于滑雪爱好者来说,进行一次滑雪需要充足的时间,并不算方便。

对冰雪运动技能的掌握程度成为影响北京居民参与冰雪运动的第二大问题。冰雪运动在我国普及率比较低,能够熟练掌握冰雪运动技术的少之又少。所以,对冰雪运动的掌握程度,极大地影响了居民参与冰雪运动。

工作忙,成为影响北京居民参与冰雪运动的第三个影响因素。北京居民生活节奏比较快,生活压力大,工作忙,影响居民参与冰雪运动。笔者曾经对北京居民参与体育锻炼影响因素进行研究,工作忙是影响居民参与体育锻炼的首要因素,而在影响居民参与冰雪运动的因素中排第三位,这也说明冰雪运动的特点。工作忙不是影响居民冰雪运动参与的第一因素。

经济条件是影响北京居民参与冰雪运动的第四大因素。参与冰雪运动需要一定的费用,冬天北京的室外冰场娱乐项目每人最少也需要几十元,室外滑雪场一次消费人均也需要几百元。滑雪运动到目前为止也可以算得上"贵族运动",所以,经济是影响居民参与冰雪运动的重要因素之一。

4.3.2 综合因素分析——社会人口属性的影响

国内外关于体育参与的影响因素的研究,社会人口属性是非常重要的部分。国外的如 Lisa Farrell[1] 关于经济状况和人口因素对英国民众体育参与的影响研究,发现性别、年龄、婚姻状况、受教育程度、家庭经济状况对英国居民参与体育锻炼影响显著,个人生活偏好对体育参与也有不同影响(如喝酒者体育参与比例比较高,抽烟者体育参与比例比较低)。国内的研究如马江涛等[2] 对中国居民参与体育锻炼影响因素进行研究,研究结果为年龄、工作时间、社会阶层、城乡、性别、民族、受教育程度、职业、健康状况对我国居民参加体育锻炼影响显著,而经济状况和婚姻状况对其影响不显著。

综合国内外关于居民参与体育锻炼的影响因素研究,社会人口因素主要有以下方面:性别、年龄、受教育程度、收入等。本研究分析以上几方面对居民参与冰雪运动的影响。

本研究将采用线性回归,分析性别、年龄、受教育程度、收入

① Lisa Farrell and Michael A Shields. Investigating the economic and demographic determinants of sporting participation in England [J]. Royal Statistical Society, 2002(2) :335 — 348.
② 马江涛等.中国居民参与体育锻炼影响因素的序次逻辑回归分析 [J].成都体育学院学报, 2014 (9): 12-18.

等方面对居民参与冰雪运动的影响。

4.3.2.1 数据特征及赋值

本研究回归分析中,居民年冰雪参与次数为因变量,性别、年龄、收入、受教育程度均为自变量。变量中冰雪运动参与次数、年龄、收入、受教育年限均为连续变量,性别为虚拟变量。具体的变量及赋值如表 70 所示。

表 70   研究数据特征及赋值表

变量名称	变量代码	赋值
冰雪参与次数	Y	连续变量
性别	X1	男 =1,女 =0
年龄	X2	连续变量
收入	X3	连续变量
受教育程度年限	X4	连续变量

4.3.2.2 模型参数

回归模型的参数反映了模型的拟合程度。F 检验代表的是进行回归的所有自变量的回归系数的一个总体检验,如果 $Sig<0.05$,说明至少有一个自变量能够有效预测因变量;R^2 叫做决定系数,它是自变量可以解释的变异量占因变量总变异量的比例,代表回归方程对因变量的解释程度,调整后的 R^2,这个值是针对自变量的增多会不断增强预测力的一个矫正。

表 71   线性回归模型参数

参数名称	参数值
F 检验	23.59
Sig	0.000
R^2	0.091
调整 R^2	0.087

由表 71 数据可知,模型的 F 检验值为 23.59, Sig=0.000,这说明该模型至少有一个自变量能够解释因变量;调整 R^2=0.087,这说明性别、年龄、受教育程度、收入这 4 个变量,能够解释居民参加体育锻炼的 8.7% 的变异。

4.3.2.3 回归模型系数

回归系数代表自变量也就是预测变量和因变量的相关,t 值就是对回归系数的 t 检验的结果,绝对值越大,Sig 就越小,Sig 代表 t 检验的显著性,在统计学上,Sig<0.05 一般被认为是系数检验显著,显著的意思就是回归系数的绝对值显著大于 0,表明自变量可以有效预测因变量的变异。

表 72　线性回归系数

变量名称	变量代码	系数估计值	t 值	Sig
性别	X1	12.727	0.008	0.000
年龄	X2	−0.006	−1.017	0.310
收入	X3	−0.110	−3.013	0.003
受教育程度	X4	0.385	5.193	0.000
常量		0.249	0.485	0.628

由表 72 中数据可知,性别、收入、受教育程度的 t 值分别为:0.008、−3.031、5.193,它们的显著性检验值分别为:0.000、0.003、0.000,这说明性别、收入、受教育程度这 3 个因素对居民参与冰雪运动影响显著;年龄的 t 值为 −1.017,显著性检验值为 0.310,这说明年龄对居民参与冰雪运动影响不显著。

性别对居民参与冰雪运动的回归系数为 12.727。性别是影响居民参与运动的重要因素,如陆建平和李宁[1]对我国居民参加体育锻炼的特征研究证实,我国经常参加体育锻炼的男性比例为 24.63%,女性为 17.36%,男性高于女性。Saint Onge, Jarron

---

[1]　陆建平,李宁.中国居民参与体育锻炼的特征研究[J].体育文化导刊,2012(1):36-39.

M.① 关于美国居民参与体育锻炼的研究证实：美国男性参加体育锻炼的比例比女性高。男性比女性参与体育锻炼的人数比例高，这是一种普遍现象，这是由男性和女性的性别角色和人们对男性和女性的性别逻辑等一些因素决定的。在社会中女性的角色主要是相夫教子、做家务等家庭内部角色，女性没有更多的休闲时间；而男性的角色更多是挣钱养家、社交活动等家庭外部角色，有更多的休闲时间从事运动。并且，人们对男性和女性的性别逻辑认为：男性就应该多运动，保持强壮，彰显男性阳刚魅力；而女性就应该少运动，保持文静，彰显女性阴柔之美。所以，男性和女性在社会化过程中，所受到的运动理念不同，造成男性比女性更爱运动。本研究中性别对居民参与冰雪运动影响显著和性别对居民参与冰雪运动的影响是相同的。

收入对居民参与冰雪运动的回归系数为 –0.110，这说明收入对居民参与冰雪运动的影响呈负相关。这说明收入越高的人，参与冰雪运动的几率越小。国内外关于居民收入对参与体育锻炼的影响的研究结果并不一致，国外关于经济状况对体育参与的影响的研究有两种研究结果，一种认为经济状况对居民参加体育锻炼有影响，如 Doward② 采用了 Logit 模型在英国综合健康调查（General Health Survey，GHS）数据的基础上估计了人们参与各种运动的各种影响因素，其研究结果认为：经济收入与参加体育锻炼具有正相关关系，即经济收入越高的人，参加体育锻炼的机率越高；另一种研究结果认为经济收入与参加体育锻炼无关，如日本学者丸山富雄的研究证实："收入除和器械类参与体育锻炼相关性高以外，与其他体育项目参与相关性小。"③ 而本研究显示，居民收入对参与冰雪运动影响呈负相关，的确不同于以往的研

① Saint Onge, Jarron M.; Krueger, Patrick M. Education and Racial-Ethnic Differences in Types of Exercise in the United States[J].Journal of Health and Social Behavior, 2011, 52（2）: 197-211.
② Downward, Paul. On Leisure Demand: A Post Keynesian Critique of Neoclassical Theory [J]. Journal of Post Keynesian Economics, 2004, 26（3）: 371-394.
③ 仇军. 西方体育社会学：理论、视点、方法 [M]. 北京：清华大学出版社，2010.

究。具体的原因还需进一步研究。

受教育程度对居民参与冰雪运动的回归系数为 0.385,这说明受教育程度对居民参与冰雪运动具有正向影响,即居民参与冰雪运动的水平随着受教育程度的升高而增高。该研究结果和国内外关于受教育程度对居民体育参与的影响是相同的。国外研究认为,受教育程度高的人,无论从掌握知识和获得的资源来讲,都会促进其参加体育锻炼。"一般来说,受过良好教育的人们,特别是那些受过大学教育的人们,拥有更多关于健康生活方式之好处的知识。"[①]而且受教育年限的增加能够提高学生时代的体育经验的质与量,产生对体育积极肯定的情感和态度。美国的罗斯和吴嘉苓(Rose and Chialing Wu)研究发现:受过良好教育的人更可能拥有较高收入和心理满足感的工作,在这些受过良好教育的人中,吸烟的更少,运动的人更多。

日本学者丸山富雄的研究也支持受教育程度能促进个人参加体育锻炼,他将体育参与项目分为体操类、球类、舞蹈类、体育设施类、野外活动类、竞技类、滑雪和高尔夫。其研究结果表明:"除球和舞蹈以外,学历和体育其他类项目参与具有很强的相关关系。"[②]

王崇喜等[③]关于受教育程度和健身行为的研究证实:2000年我国居民参加体育活动的人数比率呈现随着教育程度的提高而上升的趋势。

4.3.3 环境因素——重要他人的影响

根据休闲限制理论,在参与体育运动的意向阶段,受人际关系影响比较大。因此,本研究调查了冰雪运动参与的重要影响人。

[①] 威廉·考克汉姆.医学社会学 [M]北京:中国人民大学出版社,2012.
[②] 同上.
[③] 王崇喜等.受教育程度与健身意识和行为关系的研究[J].体育科学,2004,24(8):17-20.

表 73　影响冰雪运动参与的重要人

社会关系	频数	百分比（%）
父母	199	28.3
兄弟姐妹	66	9.4
亲戚	55	7.8
朋友	201	28.6
学校教师	20	2.8
同学	147	20.9
其他人	12	1.7

由表 73 的数据可知,影响居民参与冰雪运动的重要人排前三位的分别是:朋友、父母、同学,所占百分比分别为:28.6%、28.3%、20.9%,远高于其他人。朋友和同学属于同辈群体,将两者相加比例为 49.5%,这说明同辈群体对居民参与冰雪运动的影响非常大,自己身边有同学或者朋友参与冰雪运动的居民,其参与冰雪运动的几率比较大。父母对子女的影响是全方位的,因为家庭是个人社会化的重要场所,父母的体育爱好是通过代际的影响传给子女的,由此可见,父母如果参与冰雪运动,其子女参与冰雪运动的几率更大。

4.3.4 启蒙因素——首次参与年龄的影响

个人兴趣的发展是受年龄影响的,冰雪运动具有一定难度,越早接触掌握越快。本研究对居民第一次接触冰雪运动的年龄进行了调查。由于第一次接触冰雪运动的年龄的变量是连续变量,而 2016 年参与冰雪运动的次数也是连续变量,本研究采用线性回归检验两者的关系。

表 74　回归模型参数

参数名称	参数值
F 检验	14.90
Sig	0.000
R^2	0.021
调整 R^2	0.020

由表 74 可知,回归方程模型的 F 检验值为 14.90,显著性检验值为 0.000,这说明模型中的第一次参与冰雪运动的年龄,对年参与冰雪运动的次数影响显著。且第一次参与冰雪运动的年龄能够解释居民参与冰雪运动的 2% 的变异。

表 75　线性回归系数

变量名称	系数估计值	t 值	Sig
第一次接触冰雪年龄	−0.033	−3.86	0.000
常量	1.59	11.246	0.000

由表 75 可知,第一次参与冰雪运动的年龄和居民参与冰雪运动的次数的相关系数为 −0.033,t 值为 −3.86,显著性检验值小于 0.05,这说明第一次参与冰雪运动的年龄对居民参与冰雪运动的次数影响显著。两者的相关系数为负值,说明两者反向相关,即第一次接触冰雪运动的年龄越早,年参与冰雪运动的次数越多。这说明,冰雪运动的兴趣要早培养。第一次接触冰雪运动的年龄早,有利于居民冰雪运动参与水平的提高。

4.3.5 经济因素——社会经济地位的影响

社会经济地位是影响居民行动的重要因素。参加体育锻炼是一种生活方式,生活方式主要受社会结构的影响。正如著名社会学家韦伯[1]在《经济与社会》中的论述:一个人必须通过拥有财力、地位、权力和社会关系来支持他所选定的生活方式。社会

---

[1]　马克斯·韦伯.经济与社会 [M].上海:上海世纪出版集团,2013.

经济地位是反映个人财力、地位、权力等社会地位的综合指标,所以,社会经济地位对个人的生活方式具有重要的影响。

国外关于社会经济地位对大众体育参与的影响的研究的著名学者有布迪厄(Bourdieu)、凡勃伦(Veblen)等人。如布迪厄关于社会阶层对体育参与的影响研究认为:"经济因素比文化因素更重要,因为参与体育运动需要更多的钱和时间,而社会地位更高的社会阶层更有条件参与体育运动。"[①] 凡勃伦关于社会阶层对体育参与影响研究主要在其著作《有闲阶级论》中有所涉及,他认为有闲阶级通过炫耀性消费和炫耀性有闲的体育参与展示其阶级荣耀。凡勃伦认为:"有闲阶级是极为酷爱体育竞赛的,他们不仅直接参与各种体育活动,而且在感情和精神上也非常支持。工人阶级对这类活动则不那么感冒,在他们看来,运动竞赛只是消遣,不是生活的主要内容。"[②]

本研究对居民的社会经济地位的测量,采用中国综合社会调查中居民对自我社会经济地位的自我评价为测量工具。对居民的社会经济地位采用 10 分等级划分,最高分为 10 分,最低分为 1 分。由于参与冰雪运动次数和社会经济地位均为连续变量,本研究采用线性回归分析社会经济地位对居民参与冰雪运动的影响。

表 76　回归模型参数

参数名称	参数值
F 检验	4.08
Sig	0.04
R^2	0.06
调整 R^2	0.04

由表 76 可知,该回归模型的 F 检验值为 4.08,显著性检验值为 0.04,这说明模型中的社会经济地位对居民年参与冰雪运动的次数影响显著。模型的 R^2 值为 0.06,调整的 R^2 值为 0.04,这说

② 仇军. 西方体育社会学 [M]. 北京:清华大学出版社,2010.
③ 凡勃伦. 有闲阶级论 [M]. 北京:北京出版集团公司北京出版社,2012.

明居民社会经济地位对其参与冰雪运动具有 4% 的解释力。

表 77   线性回归系数

变量名称	系数估计值	t 值	Sig
社会经济地位	0.69	2.02	0.044
常量	0.707	3.40	0.001

由表 77 中数据可知,社会经济地位回归的系数估计值为 0.69,t 值为 2.02,显著性检验值为 0.044 < 0.05,这说明社会经济地位对居民参与冰雪运动影响显著。

社会经济地位对个人参与体育运动的研究在国外非常丰富,国内的研究比较少。参加体育锻炼是一种生活方式,生活方式主要受社会结构的影响。

国内和国外关于社会经济地位对体育参与的影响结论主要有两种。

一种认为社会经济地位对居民参与体育锻炼具有正向的影响,社会经济地位越高的人,体育参与度越高,反之亦然,如米罗斯基和罗斯(Mirowsky and Ross)[1]对美国和德国的研究证明:社会阶层高的人拥有进行锻炼的最好资源,他们会遇到更多的生活机会,会获得对自己生活环境更多的控制感,所以参加体育锻炼的程度比较高。布拉科斯特(Blaxter)[2]对英国居民参与体育锻炼的研究发现:参与运动和较好的饮食习惯更多的出现于社会阶梯的高端,他认为健康的生活方式在积极的社会环境中最有效,在消极的条件下(比如贫穷)最无效。王甫勤[3]通过对中国综合社会调查(2005)数据分析发现:越是社会经济地位高的人,越倾向于产生和维护有利于健康的生活方式。其中原因主要为以下两方面:一方面,社会经济地位高的人对于健康的需求比较高;另一方面,社会经济地位高的人,能够支付需要保持健康生活方

① Mirowsky, Catherine . Education,social status,and health.[M]New York:Aldine de Gruyter, 2003
② Blaxter, Milderd. Health and Lifestyles[M]London:Bell,1990
③ 王甫勤.社会经济地位、生活方式与健康不平等[J]社会, 2012, 3, 125-143

式的文化资本和经济资本。

另一种认为,社会经济地位对居民参与体育锻炼具有反向影响,如美国学者 Kim[①] 比较中美两国的生活方式的选择发现:在我国社会经济地位越高,生活方式越不健康。

本研究得出的社会经济地位对居民参与冰雪运动具有正向的显著性影响和第一种的研究结果一致。这和上文的阻碍居民参与冰雪运动的自我评价是吻合的,居民认为冰雪运动:太贵,经济条件不允许(11.3%),是阻碍居民参与冰雪运动排第 4 位的因素。并且,结合参与冰雪运动的实际情况来分析,冰雪运动的参与,特别是雪上项目的参与花费不菲,并非每一个人都能够承受得起。并且,雪场在现阶段属于稀缺资源,物以稀为贵,所以消费者需要花费很大才能够享用。所以,参与冰雪运动要具有一定的经济基础,另外,冰雪运动是一种社会和文化的产物,韦伯认为社会经济地位的 3 个组成因素为:职业、受教育程度和收入,因此,不具备一定文化素养的居民,参与冰雪运动的程度也不高。

4.3.6 身体因素——健康状况的影响

冰雪运动是具有一定挑战性的运动,对个人的腿部力量、柔韧、协调等身体素质有一定的要求。所以,本研究对居民健康状况进行了调查,旨在了解居民健康状况对参与冰雪运动的影响。

4.3.6.1 居民健康状况

本研究对居民健康状况的调查,借鉴了国际健康调查常用的居民个人健康自我评价。将健康状况分为 5 个等级,分别为:很健康、比较健康、一般、比较不健康、很不健康。居民具体健康状况如表 78 所示。

---

① Kim, Symons, Barry. Contrasting Socioeconomic Profiles Related to Healthier Lifestyles in China and the United States[J].American Journal of Epidemiology, 2004(2):159.

表 78　居民健康状况

很健康		比较健康		一般		比较不健康		很不健康	
频数	百分比（%）	频数	百分比（%）	频数	百分比（%）	频数	百分比（%）	频数	百分比（%）
434	28.6	737	48.6	274	18.1	68	4.5	5	0.3

由表 78 的数据可知,北京居民健康状况非常好,很健康、比较健康、一般、比较不健康、很不健康所占百分比分别为:28.6%、48.6%、18.1%、4.5%、0.3%,很健康和比较健康两者相加的比例占到 77.2%,健康人群比例比较高;比较不健康和很不健康两者相加所占比例仅为 4.8%,比例相对较低。

4.3.6.2 回归模型中的参数

由表 79 的数据可知,模型的 F 检验值为 3.51,显著性检验值为 0.06 > 0.05,这说明,模型中并没有自变量影响因变量,也就是说,居民健康状况对居民参与冰雪运动影响并不显著。

表 79　回归模型参数

参数名称	参数值
F 检验	3.51
Sig	0.06
R^2	0.005
调整 R^2	0.004

国内的很多研究认为,健康状况对居民参与体育锻炼影响显著,如马江涛等[1]的研究。本研究和以上研究结论不同,可能是因为本研究中健康状况分布偏差太大,如非常健康和比较健康人群所占比例较大,而不健康的人群所占比例太小。

---

[1] 马江涛等.中国居民参与体育锻炼影响因素的序次逻辑回归分析[J].成都体育学院学报,2014(9):12-18.

5 2018年北京居民冰雪运动参与调查

在 2016、2017 两个年度系列调研的基础上,中国人民大学人文北京(人文奥运)研究中心申请了国家社科重大项目"2022 北京冬奥会冰雪运动普及和发展对策研究"(17ZDA328)。2018 年6—7月,课题组联合中国人民大学中国调查与数据中心对全国进行了居民冰雪运动参与状况的调查——"全国冰雪运动参与状况调查"。本次调查的目的在于为掌握全国和各地居民冰雪运动参与状况提供数据支撑,并为分析全国居民冰雪运动参与存在问题、探寻提高居民冰雪运动参与状况、实现习近平总书记提出的"3 亿人上冰雪"目标奠定数据基础。

5.1 问卷调查情况简介

此次"全国冰雪运动参与状况调查"的有效调查样本为 4 126人。 样本覆盖除港澳台地区以外,我国大陆 31 个省、直辖市、自治区的所有 334 个地、市级单位,有效的代表了全国的情况。由于大众冰雪运动状况与地域紧密相关,在调查实施中根据我国各地参与冰雪运动的程度和频率并结合规划,将 31 个省、直辖市、自治区分成三个区域。第一个区域为历来冰雪运动普及程度非常高的 5 个省级单位,包括黑龙江省、吉林省、辽宁省、内蒙古自治区和新疆维吾尔自治区 5 个省份,此区域共调查 1 428 人;第二个区域为西北、华北的其余 12 个省级单位,包括北京市、天津市、山东省、江苏省、河北省、河南省、山西省、陕西省、宁夏回族自治区、甘肃省、青海省和西藏自治区,共调查 1 247 人；第三个区域为其余的 14 个南方省级单位,包括上海市、浙江省、安徽省、福建省、江西省、湖北省、湖南省、广东省、重庆市、广西壮族自治区、海南省、四川省、贵州省和云南省,共调查 1 451 人。

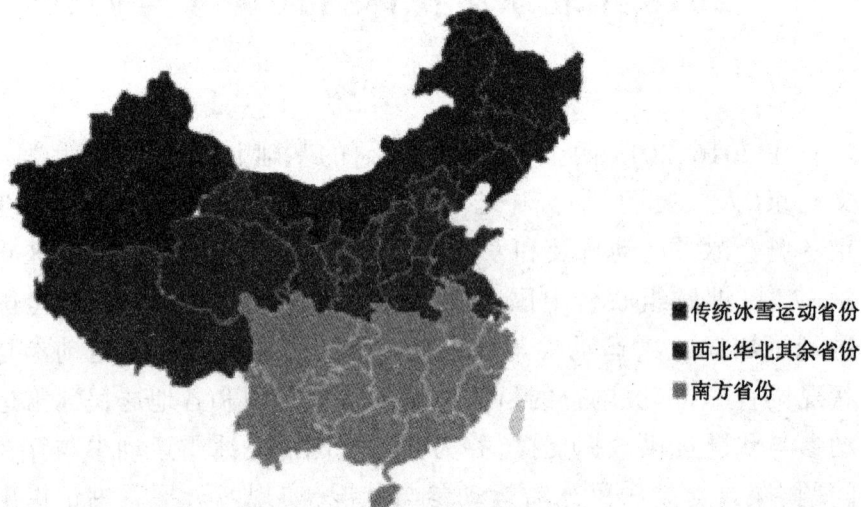

■ 传统冰雪运动省份
■ 西北华北其余省份
■ 南方省份

图 5　三大调查区域

由于此次抽样技术方面的科学性和严谨性,保障了北京居民冰雪运动参与调查的有效性。在北京,采集到的样本量为 114 个。

5.2　调查结果

5.2.1 样本基本情况

5.2.1.1 样本的性别结构

性别变量是调查研究非常重要的变量,本次北京共抽取的样本数为 114 个,抽取的性别比例,男性高于女性,但是对于问卷的效度影响不大。

表 80   样本性别特征

性别	频数	百分比(%)
男	76	66.7
女	38	33.3
总计	114	100

由表 80 中的数据可知,本次调查北京抽取的样本中,男性为 76 名,占样本量的 66.7%,女性为 38 名,占样本量的 33.3%。

5.2.1.2 样本的年龄结构

年龄是社会调查非常重要的变量之一,因为各年龄阶段有各年龄阶段的责任和义务,并且各年龄阶段的人在社会化过程中所处的社会发展阶段不同,会有不同的价值观和认同,所以各年龄阶段的人的生活方式不同。

表 81   样本年龄特征

最大值	最小值	平均数	标准差
79	19	46.29	14.58

5.2.1.3 样本的受教育程度结构

受教育程度是社会调查重要的社会人口变量,因为不同的受教育程度接受的文化教育年限不同,接受的文化知识有差别,从而导致不同受教育程度个体在文化体系、社会资本、经济资本等方面存在较大差异,从而导致其生活方式不同。2016、2017 的北京年度调查也表明,上述差异会导致冰雪运动参与水平的不同。

表 82   样本受教育程度特征

受教育程度	频数	百分比(%)
小学及以下	4	3.5
初中	12	10.5
高中	14	12.3
大专	16	14

受教育程度	频数	百分比（%）
本科	44	38.6
研究生及以上	24	21.1

由表 82 中数据可知,样本中的居民受教育程度相对较高,受教育程度高的占比例较高。其中,研究生及以上和本科所占比例分别为 21.1% 和 38.6%,合计为 59.7%,比例占到将近 6 成。大专、高中、初中和小学及以下所占比例分别为:14%、12.3%、10.5%和 3.5%,低学历所占比例比较低,特别是初中以下的比例仅为14%。

5.2.1.4 样本的就业状况

样本就业状况是社会调查非常重要的变量,不同的就业状况对于个体的经济状况、工作时间、休闲时间、生活方式有很大的影响。全职工作的人一般工作时间较长,休闲时间较短,正常的收入较高。而兼职工作的人,工作时间较短,休闲时间较长,收入一般较低。所以,不同就业状况的人生活方式不同。

表 83　样本就业特征

就业状况	频数	百分比（%）
有工作	74	64.9
离退休	16	14
正在上学	18	15.8
无工作	6	5.3
总计	57	100

由表 83 的数据可知,本次调查样本中处于工作状态的人数和比例比较高,为 74 人,占 64.9%;离退休的人数为 16 人,比例为 14%;正在上学的人数为 18 人,占 15.8%;无工作的人数为 6人,占 5.3%。

5.2.2 调查数据分析

5.2.2.1 参与历史——居民参加过的运动项目分析

冰雪运动项目是冰雪运动非常重要的调查指针。因为冰雪运动项目非常多,每个项目的难易程度和居民可接触到的几率不同,而有些非常专业的运动项目在中国普及程度很低,所以普通大众接触的机会是非常小的。大众普遍接触的还是一些像公园开展的冰雪娱乐项目,运动项目的概念与非常规范和专业化的冬奥会比赛项目的概念相去甚远。所以,在测量过程中,为了便于操作,将运动项目分为滑雪、滑冰、竞技性雪车/雪橇、冰壶、冰球、冰雪嘉年华、民俗冰雪运动几个项目。

表 84 北京居民冰雪运动参与项目

项目	参加过		未参加	
	频数	百分比(%)	频数	百分比(%)
滑雪	26	22.8	88	77.2
滑冰	18	15.8	96	84.2
竞技性雪车/雪橇	4	3.5	110	96.5
冰壶	2	1.8	112	98.2
冰球	0	0	114	100
冰雪嘉年华	20	17.5	94	82.5
民俗冰雪运动	10	8.8	104	91.2

由表 84 的数据可知,本次调查设计的冰雪运动项目的调查共计 7 个题目,涉及滑冰和滑雪这两大类的运动项目、竞技性专业冰雪运动项目(竞技性雪车/雪橇、冰壶、冰球)以及大众和民俗性项目(公园冰雪嘉年华、自然环境中的民俗冰雪运动)。

由表 84 的数据可知,北京居民参加过滑雪的人数比例为22.8%,滑冰为 15.8%。而大众对于竞技性很强的专业的冰雪运动的参与率非常低,对于竞技性雪车/雪橇、冰壶的参与率分别为 3.5%、1.8%。出现大众对于专业冰雪运动参与率低的原因主要有两方面。一方面,冰雪运动受气候和地理条件影响,北京并非冰雪自然资源丰富的省市,专业化运动的场地、设施受限制,大众冰雪运动参与率就不高,更不要说专业性冰雪运动的普及。有一些竞技性冰雪运动项目我国目前还没有引进,如钢架雪车,专业性选手都没有,很多人都没有听过这项运动,更不要提大众参与。另一方面,因为参与专业冰雪运动代价昂贵,如冰壶运动,除了参与需要的其他装备外,冰壶都需要专门进口,我国根本没有能够生产的运动器材厂家,所以,冰壶非常昂贵,不是普通大众能够参与的。

公园中开展的冰雪嘉年华和自然环境中开发的民俗冰雪运动如狗拉爬犁、狗拉雪橇等项目大众参与的比例分别为 17.5% 和 8.8%。这个比例远大于专业化的竞技性冰雪运动项目的参与。但是,这两项的大众参与率也是比较低的。

5.2.2.2 喜爱程度——北京居民的冰雪喜好

大众对冰雪运动的喜好程度,是影响大众冰雪运动参与的重要因素,因为兴趣是居民参与冰雪运动的根本动力,如果居民对冰雪运动没有兴趣,对冰雪运动的参与的可能性就比较低。本次调查涉及了北京居民对冰雪运动的喜好程度的调查,居民对冰雪运动的喜好程度分为 5 个层次:非常喜欢、比较喜欢、说不清、不太喜欢和非常不喜欢。

表 85　居民对冰雪运动的喜爱状况

非常喜欢		比较喜欢		说不清		不太喜欢		非常不喜欢	
频数	百分比（%）	频数	百分比（%）	频数	百分比（%）	频数	百分比（%）	频数	百分比（%）
0	0	22	55	10	25	6	15	2	5

由表 85 中的数据可知,北京居民对冰雪运动的喜好程度比较高。虽然非常喜欢的人数和比例为 0,但是比较喜欢的频数为

22,占 55%,这说明有 5 成以上的居民还是喜欢冰雪运动的。说不清喜欢或不喜欢的频数为 10,占 25%;而不太喜欢和非常不喜欢的人数比例分别为 15% 和 5%,两者相加为 20%,这个比例比较而言不高。

5.2.2.3 年度参与——2017-2018 年度的参与情况

本研究对 2017—2018 年冬季北京居民冰雪运动参与状况进行了调查,调查的冰雪运动项目与上述的冰雪运动参与历史的运动参与项目相同,即项目为大类的滑冰和滑雪、专业性竞技冰雪运动、冰雪运动嘉年华和民俗性冰雪运动。

表 86   2017-2018 年度冬季冰雪运动参与状况

时间	参加过		未参加	
	频数	百分比(%)	频数	百分比(%)
2017—2018 冬季	12	30	28	70

由表 86 的数据可知,北京居民 2017—2018 年冰雪运动参与状况并不高。其中,参加过冰雪运动的人占 30%;未参加过冰雪运动的人占 70%。由于有 74 人未回答该问题,造成数据的缺失值较高。

由调查数据可知,北京居民 2017—2018 年冬季冰雪运动参与状况尚可,不考虑数据缺失的状况,参与过冰雪运动的比例为 30%。北京居民冬天可以接触到的公园冰雪运动还是比较多的,如大的公园如玉渊潭公园、颐和园等都有一些面向普通大众开放的冰雪运动项目,如坐在铁凳子上的滑冰项目、坐在垫子上的高处下落滑雪项目等,这类项目娱乐性高、大众容易参与,但并非严格意义上的奥运会冰雪运动。

5.2.2.4 冰雪运动参与次数和时间

冰雪运动参与次数和时间是参与非常重要的变量,它反映了居民冰雪运动参与的程度。本次调研对居民 2017—2018 年冬季冰雪运动参与次数和每次参与的时间进行了调查,把时间确定为上一年居民一年的冰雪季节参与冰雪运动的次数,2018年的调查把参加的冰上项目和雪上项目分开,以确定居民参与冰上和雪上运动项目的分类。

表87　居民年参与冰雪运动次数

性别	冰上运动			雪上运动		
	最大值	最小值	均值	最大值	最小值	均值
男	5	0	2.5	5	0	1.75
女	2	0	1.75	0	0	0
总计	5	0	2.33	5	0	1.17

由表87的数据可知,2017—2018年冬季冰雪运动参与的季节,北京居民参与冰上运动项目的平均次数为2.33次,最大值为5次,最小值为0次,居民参与雪上运动项目的次数平均为1.17次,最大值为5次,最小值为0次。

数据分析可知,男性比女性在参与的次数上存在一定的差距:男性冰上项目的参与次数平均为2.5次,女性为1.75次,而雪上项目的参与男性为平均1.75次,而女性为0。

北京居民2017—2018年冰雪运动参与,冰上项目要好于雪上项目,这和冰上运动项目和雪上运动项目的参与难易程度有很大关系。每年冬天,居民生活区的周边公园开展的面向大众开放的冰上运动项目要多于雪上项目,冰上项目场地设施要求容易达到。而雪上运动项目受天气影响较大,如果用造雪机人工造雪花费很高。因此,参加冰上运动项目花费低,居民更容易参加。

表88　居民每次参与冰雪运动的时间（小时）

性别	最大值	最小值	均值
男	4	1	2.5
女	2	1	1.5
总计	4	1	2.17

由表88中数据可知,北京居民每次参与冰雪运动所花费的时间平均为2.17小时,最大值为4小时,最小值为1小时。其中,男性每次参与冰雪运动平均花费的时间高于女性,男性平均值为2.5小时,女性为1.5小时。科学研究证明,超过半小时以上的有氧运动对个体的身体健康具有良好的促进作用,而北京居民每次参加冰雪运动的平均时间为2.17小时,是有利于居民身体健康的。

5.2.2.5 冰雪运动消费状况

消费反映了个人对事物投入的财力支持,是社会调查重要的变量。本次调查对北京居民冰雪运动参与的消费状况进行了调查。调查采用居民自填的方式进行。

表89　居民每次参与冰雪运动的消费(元)

性别	最大值	最小值	均值
男	500	100	250
女	150	0	75
总计	500	0	191

由表89的数据可知,北京居民每次参加冰雪运动的消费均值为191元,最大值为500元,最小值为0元。其中,男性参加冰雪运动的消费高于女性。男性每次参加冰雪运动消费的均值为250元,而女性为75元。这说明在冰雪运动参与中,男性还是消费比较高的。

本次调研还对北京居民参与冰雪运动的消费项目进行调研,消费的项目包括装备、门票、交通以及住宿4个方面。调研的问题中主要是要求被调查人对这4种消费进行排序。

表90　北京居民消费项目状况

装备	门票	交通	住宿
25%	37.5%	18.8%	18.8%

由表90中的数据可知,北京居民在参与冰雪运动中,门票消费是排第一位的,占调查样本的37.5%,装备消费排第二位,占调查样本的25%;交通和住宿消费并列排第三,占调查样本的18.8%。这说明居民进行冰雪运动参与时,主要消费都用在了门票和装备的消费上。

5.2.2.6 冰雪运动参与通勤时间状况

时间成本也是阻碍滑雪运动普及的一个障碍。如果居民到一些滑雪场休闲,更需要花费很高的人力物力以及时间成本。北京的大型滑雪场均分布在距离市区有很大距离的郊区,居民进行一次雪上运动需要一定的通勤时间,每次还得租用昂贵的服装和滑雪板等运动所需的器材,这对居民参与雪上运动项目造成了一定的障碍。现在生活在大城市的居民,工作和生活压力比较大,工作时间比较长,休闲时间较少,时间因素是影响居民生活方式的重要因素。居民如果到达冰场或雪场需要很长时间,会对居民参加冰雪运动产生影响。

表91 居民每次参与冰雪运动的交通时间(分钟)

最大值	最小值	均值
120	30	55

由表91中的数据可知,北京居民到达冰雪运动场所需的时间最大值为120分钟,最小值为30分钟,平均值为55分钟。这说明北京居民到达冰雪运动场地单程平均需要将近1个小时,往返就需要将近2个小时。这对于北京居民冰雪运动的参与是一个非常重要的影响因素。北京居民生活、工作节奏快,时间少,而参与冰雪运动的交通时间就需要将近2个小时,这对很多北京居民来讲,是冰雪运动参与的最大的阻碍因素。

5.2.2.7 首次参与年龄

冰雪运动是技巧性比较强的运动项目,并且具有一定的危险性,居民学习冰雪运动时,越早越好,因为小孩的接受能力比较强,身体柔韧好,重心比较低,受伤的几率比较小。本次调查设计了对北京居民第一次参加冰雪运动年龄的题目。

表 92　居民第一次参加冰雪运动年龄(岁)

最大值	最小值	均值
25	8	17.7

由表 92 中的数据可知,北京居民第一次参加冰雪运动的年龄最大为 25 岁,最小为 8 岁,平均年龄为 17.7 岁。这说明,青少年群体是普及冰雪运动的重要群体,比较早的掌握冰雪运动技术,产生对冰雪运动的兴趣,有助于运动参与的延续,也有助于提高居民冰雪运动的参与水平。

5.2.2.8 影响参与的重要他人

人是社会性动物,人的行动是受周围的人的影响的。家庭、学校、社会都是人们社会化的重要场所,人们在这些场所和自己所能接触到的家人、亲戚、朋友、同事等进行互动,形成一定的价值观和认同,从而形成一定的行为方式和生活方式。本次调查设计了对北京居民冰雪运动参与产生影响的重要他人的调查。调查中的重要他人涉及家人、亲戚、朋友、同事以及其他人。

表 93　影响冰雪运动参与的重要他人

社会关系	频数	百分比(%)
家人	7	16.7
朋友	35	83.3

由表 93 中的数据可知,影响居民参与冰雪运动的重要他人主要是家人和朋友,被调查人并未选择亲戚和同事以及其他人。其中,认为朋友对自己影响比较大的占 83.3%,而家人占 16.7%。这说明朋辈群体是影响居民参与冰雪运动的重要他人。在体育社会化的过程中,朋辈群体对于个体的运动行为影响非常大,他

能够影响个体的体育参与项目、习惯等。

影响居民冰雪运动参与的重要他人是朋友,和谁一起参与冰雪运动也是影响居民参与冰雪运动的重要因素。

表 94　居民冰雪运动参与同伴

社会关系	频数	百分比(%)
家人	8	19
朋友	34	81

由表 94 中数据可知,北京居民经常和朋友一起参加冰雪运动。和朋友一起参加冰雪运动的人数比例最高,为 81%,而和家人一起参加冰雪运动的人数比例为 19%。对于北京居民来讲,冰雪运动场地更多还是朋友之间交往的社交场所,对个人的人际交往具有重要的意义。

5.2.2.9 间接参与冰雪运动状况

本次调查与前两年的调查一样,设计了运动参与的间接参与主题。运动参与包括直接参与和间接参与,直接参与是居民通过身体力行参与运动,而间接参与是居民通过现场或者网络等媒体观看比赛等。本次调查也对北京居民间接参与冰雪运动进行了调查。调查的题目包括居民通过电视、网络等媒体观看比赛以及现场观赛。

表 95　居民通过媒体观赛状况

经常		有时		偶尔		很少		从不	
频数	百分比(%)	频数	百分比(%)	频数	百分比(%)	频数	百分比(%)	频数	百分比(%)
5	8.8	7	12.3	17	29.8	9	15.8	19	33.3

由表 95 中的数据可知,北京居民经常通过媒体观看比赛的比例为 8.8%,有时观看的占 12.3%,偶尔观看的占 29.8%,很少观看的占 15.8%,从不观看的占 33.3%。经常、有时以及偶尔观看比赛的人数比例为 50.9%,而很少和从不观看的占 49.1%,这

说明通过网络等媒体观看比赛的人占一半。

表 96　居民现场观赛状况

现场观赛	频数	百分比（%）
有	4	7
没有	53	93

　　由表 96 的数据可知,北京居民到现场观看比赛的人数比例比较少,其中有过到现场观赛经历的人占 7%,没有现场观赛经历的占 93%。这一方面说明冰雪运动的群众性基础还是比较差的,到现场观看比赛的人数比例太低。另一方面说明,观看冰雪运动对北京居民来讲,还是具有很大的难度,这大大影响了居民现场观看比赛。

　　综上所述,北京居民通过电视、网络等媒体观看比赛的人数比例为 5 成,这个比例并不低;但是有现场观赛经历的人数比例却很低,仅有 7%。这说明北京居民对于观看冰雪运动比赛具有一定的意愿,通过电视、网络是人们观看冰雪运动比赛比较好的途径。冬奥组委可以通过这些媒体进行冰雪运动的推广和宣传,提高居民对冰雪运动的认知,从而提高居民对冰雪运动的兴趣,以此来提高居民冰雪运动的参与程度。

　　同时,也可以设计一些手段,将通过电视、网络观赛的群体吸引到现场观赛。如开通去往赛区的免费班车、发放一些免费门票,并对居民的观赛行为进行一定的奖励等,这样可以降低居民观赛的障碍,提高居民现场观赛的积极性。赛区充足的现场观众是形成赛区良好氛围的基础,对于我国成功举办北京冬奥会具有重要意义。

5.2.2.10 冰雪运动参与的家庭氛围

　　家庭是个人社会化的重要场所,对于个人的价值观和行为方式会产生很大影响,良好的家庭氛围是居民参与冰雪运动的基础。本研究对居民参与冰雪运动的家庭氛围进行了调查,调查的题目是通过对被调查人的家人和亲戚参与冰雪运动的人数,了解居民参与冰雪运动的家庭氛围。测量指针是家庭喜爱冰雪运动的人数。

表 97　居民家庭参与冰雪运动氛围

最大值	最小值	均值	标准差
7	0	1	1.78

由表 97 中的数据可知,北京居民参与冰雪运动的家庭氛围与前两年相比相对较好,但居民家中喜欢冰雪运动的人数最大值为 7,最小值为 0,平均值为 1,家庭间的差异较大。

众多爱好冰雪运动的家庭成员对促进北京居民冰雪运动参与会产生很好的作用。常在身边的家人或亲戚喜欢冰雪运动,就可能经常参加冰雪运动,并可能通过电视或者媒体观看冰雪运动比赛,这就会对居民参与冰雪运动产生影响,并带动居民参与冰雪运动。

5.2.2.11 学校冰雪运动项目的开展

学校是个人掌握知识技能,形成个人世界观、人生观及价值观,养成良好的行为方式的重要场所。学校教育具有一定的教学体系,学生对于纳入教学体系中的科目的学习会非常重视,这对于掌握知识、形成技能具有重要的作用。我国在对 2022 年冬奥会的申办和筹办过程中,为了促进居民冰雪运动参与,提出冰雪运动进校园的政策,旨在将冰雪运动纳入学校教育中,在青少年阶段培养学生对冰雪运动的兴趣和技能,促进冰雪运动在国内的普及和发展。本次调查延续了前两年调查中涉及的家中孩子冰雪运动教学开展的状况的调查,调查的题目为:孩子学校是否开设冰雪运动的体育课。

表98   家中孩子学校开展冰雪运动教学情况

冰雪运动课程	频数	百分比(%)
不知道	14	87.5
没有	2	12.5

由表98中数据可知,调查样本中87.5%的人不知道孩子的学校是否开设冰雪运动项目的体育课,知道肯定没有开设的占12.5%。这说明北京冰雪运动的学校教育开展有待加强。

参与冰雪运动的习惯需要从小培养,因为青少年是掌握知识技能、培养习惯的关键期,要想从根本上取得冰雪运动的普及与发展的提高,需要"从娃娃抓起"。我国虽然提出冰雪运动进校园的计划,但是,学校教学体系的改变不是一蹴而就的,需要从上到下的通力配合。现在很多学校虽然想响应国家号召,开设冰雪运动课程,但是,学校缺乏开设课程的基本条件,如场地、器材等,更重要的是没有教学大纲、没有合适的教材,更缺乏具有资质的体育教师。所以,开展冰雪运动进校园的计划是一项系统工程,一方面,需要国家政策的支持,提供必要的教学文件、师资培养;另一方面,学校领导也反映,希望在冰雪运动的开展方面进行政策倾斜,如在场地设施建设、人才引进方面给予支持。只有通过国家和基层的配合,冰雪运动的学校教育才能开展好。

5.2.2.12 亲子冰雪运动参与

父母是孩子最重要的教育者,父母的行为方式、爱好和习惯对孩子的影响非常大。父母亲如果经常能够陪孩子一起完成一些活动,对于孩子的爱好和习惯的形成具有重要的作用。本次调查也延续前两年北京居民冰雪运动调查中关于居民冰雪运动的亲子活动问题。即:居民是否经常带孩子参加冰雪运动。

表 99　居民带孩子参加冰雪运动状况

经常		有时		从不	
频数	百分比（％）	频数	百分比（％）	频数	百分比（％）
2	12.5	2	12.5	12	75

　　由表 99 中的数据可知,居民经常带孩子参加冰雪运动的人数占 12.5％,有时带孩子参加冰雪运动的人数占 12.5％,而从不带孩子参与冰雪运动的人数占 75％。这说明北京居民带孩子进行冰雪运动亲子活动比例比较低。这对北京青少年冰雪运动的发展与普及不利。很多研究证明,父母亲带孩子一起进行体育活动,孩子也会喜欢参与体育活动,对于孩子对体育的兴趣和习惯养成具有重要的作用。而如果父母亲经常带孩子参加冰雪运动,孩子也会从小就喜欢冰雪运动并参与冰雪运动。因此,北京居民参与冰雪运动的亲子活动开展不畅,对提高北京青少年的冰雪运动参与和发展不利。

5.2.2.13 冰雪运动参与的目的

　　帕森斯认为个人的行为都是有目的的,本次调查也设计了居民参与冰雪运动的目的的题目。本调查根据国家体育总局的"我国大众体育参与状况调查"以及国内外大众体育活动调查中关于大众参与体育活动的目的的分类,将居民参与冰雪运动的目的主要归结为以下选项:健康、娱乐、社交、缓解压力、追求时尚 5 个方面。该题为多选题,因此相应的总频数和前面的统计略有差异。

表 100　居民参与冰雪运动的目的

目的	频数	百分比（％）
健康	2	11.1
娱乐	10	55.6
社交	2	11.1
缓解压力	4	22.2

由表 100 中的数据可知,北京居民参与冰雪运动的目的主要是娱乐和缓解压力。其中,以健康为目的的占 11.1%;以娱乐为目的的占 55.6%;以社交为目的的占 11.1%,以缓解压力为目的的占 22.2%。由此可见,娱乐和缓解压力是居民参与冰雪运动的主要目的。这和现代大城市的社会发展程度有关。北京是超大城市,城市人员密集,工作和生活压力大,而参加体育活动是居民娱乐和放松非常好的手段之一。居民参加冰雪运动可以释放生活和工作中的压力,放松身心,从而达到对身心的恢复作用。

5.2.2.14 冰雪运动参与的阻碍因素

由居民对冰雪运动的喜爱程度可知,北京居民有 5 成以上是喜欢冰雪运动的,但是实际参与冰雪运动的比例稍低。这是因为很多主客观条件限制了居民参与冰雪运动。本次调查设计了居民对阻碍其参与冰雪运动的自评。

本调查结合国内外关于影响居民参与体育运动的阻碍因素,将阻碍居民参与冰雪运动的因素主要归结为以下几方面:不感兴趣、经济条件不允许、太忙,没时间、身体健康不允许、附近缺乏冰雪运动设施以及怕受伤 6 类。由于本题目是多选题,并且是全体样本均回答该问题,所以,该题的样本数和前面的有差异。

表 101   居民参与冰雪运动的阻碍因素

阻碍因素	频数	百分比(%)
不感兴趣	32	16.3
经济条件不允许	10	5.1
太忙,没时间	60	30.6
身体健康不允许	20	10.2
附近缺乏冰雪运动设施	54	27.6
怕受伤	20	10.2

由表 101 的数据可知,居民参与冰雪运动的阻碍因素主要为:太忙,没时间以及附近缺乏冰雪运动设施。其中,不感兴

趣的占 16.3%；经济条件不允许的占 5.1%；太忙，没时间的占 30.6%；身体健康不允许的占 10.2%；附近缺乏冰雪运动设施的占 27.6%；怕受伤的占 10.2%。

由此可知，阻碍北京居民冰雪运动参与最主要的因素是没有时间，这是因为北京居民生活和工作压力大、节奏快，居民的大部分时间忙于生计，参与体育锻炼对很多人来说都是一种奢侈。附近缺乏冰雪运动设施是影响居民参与冰雪运动的第二大因素，这说明冰雪运动的设施还满足不了居民的需要，需要政府加大投入力度，在人员比较密集的社区周围建设一批冰雪运动场馆以及设施，以满足居民参与冰雪运动的需求。

5.2.2.15 北京冬奥认知状况

为了了解北京居民对北京冬奥会的了解状况，本次调查设计了 5 个关于北京冬奥会的题目，以掌握居民对北京冬奥会的了解程度。5 个题目设计冬奥会的举办时间、地点、我国的优势项目等问题。

关于居民对北京冬奥会的了解情况的第一个问题是：您知不知道我国要举办下一届冬奥会？

表 102　居民是否知道我国举办冬奥会

是否知道	频数	百分比（%）
知道	88	77.2
不知道	26	22.8

由表 102 的数据可知，北京居民知道我国要举办冬奥会的人数占 77.2%；不知道的占 22.8%。这说明居民对我国要举办冬奥会有一个初步的了解。

调查中关于北京居民对北京冬奥会认知的第二个题目是：请问下一届冬奥会将在哪一年举办？正确答案是 2022 年。

表 103   居民是否知道北京冬奥会举办时间

回答对错	频数	百分比（%）
对	40	35.1
错	36	31.6
不知道	38	33.3

表 103 的数据表明，北京居民知道北京冬奥会在 2022 年举办的人数比例比较低。其中，答对的占 35.1%；答错的占 31.6%；不知道的占 33.3%。答错的和不知道的人数比例相加为 64.9%，比例还是相当高的。可见，北京居民对于冬奥会的信息知晓度还处于一种浅表层面。

调查中关于北京居民对北京冬奥会认知的第 3 个题目是：请问冬奥会几年举办一次？正确答案是 4 年。

表 104   居民是否知道冬奥会几年举办一次

回答	频数	百分比（%）
对	74	64.9
错	6	5.3
不知道	34	29.8

由表 104 的数据可知，北京居民对冬奥会几年举办一次的问题，答对的占 64.9%；答错的占 5.3%；不知道的占 29.8%。由此可知，对于奥运周期而言，北京居民了解的比例比较高。

调查中关于北京居民对北京冬奥会认知的第 4 个题目是：请问下届冬奥会具体在哪举办？该问题的正确答案是北京和张家口。

表 105   居民对冬奥会举办地的了解情况

举办地	频数	百分比（%）
北京	16	14
张家口	16	14
北京和张家口	24	21.1
不知道	58	50.9

由表 105 中的数据可知,北京居民对于 2022 年冬奥会的具体举办地知道的人数比例并不高。其中,答北京的占 14%;答张家口的占 14%;答对北京和张家口的占 21.1%;不知道的占 50.9%。

调查中关于北京居民对北京冬奥会认知的第 5 个题目是:请问短道速滑是我国的优势项目吗? 正确的答案是:是。

表 106　居民对我国冬奥优势项目的了解

回答	频数	百分比(%)
是	66	57.9
不是	2	1.8
不知道	46	40.4

由表 106 中的数据可知,北京居民对我国的冬奥优势项目短道速滑的了解程度还是比较高的。其中答对的占 57.9%;回答错误的占 1.8%;不知道的占 40.4%。居民有将近 6 成的人知道短道速滑项目为我国的冬奥优势项目,这表明短道速滑作为我国的优势项目,媒体的宣传和报道比较到位。

综上所述,北京居民对于北京举办冬奥会认知水平尚可,这和各种媒体对冬奥会的宣传分不开。媒体对赛事的宣传可以使居民了解冬奥项目以及北京冬奥的承办情况,这对居民了解冬奥、支持冬奥具有重要作用。但是,在新媒体高度发达的自媒体时代,媒体的宣传还需要创新出一定的现代化模式。另外,可以通过媒体举办冬奥知识讲座、论坛、知识竞赛等多种形式,对北京冬奥会进行宣传,使居民了解冬奥、参与冬奥、服务冬奥,提高居民对冬奥的参与度,为成功举办 2022 年冬奥会提供良好的办赛氛围。

6 冰雪运动参与总体状况

6.1 冰雪运动参与模式

　　结合 3 年的调查结果可知,北京居民冰雪运动参与状况并不理想。连续 3 年对北京居民冰雪运动参与进行测量,其参与的程度都不高。2016 年用周参与冰雪运动的次数和时间来测量北京居民冰雪运动参与,其参与的次数比较低,为每周平均 0.25 次;2017 年的调查以年为单位调查北京居民冰雪运动参与次数,北京居民平均年参与次数为 1.11 次;而 2018 年的调查显示,北京居民在 2017—2018 年冬季参加过冰雪运动的人数比例为 30%。这些数据说明北京居民冰雪运动参与的频次、人数比例等都较低。

　　3 年的数据说明,具体来看:有超过四成的北京居民曾经参加过冰雪运动,将近六成从未接触过冰雪运动。曾经参加过冰雪运动的主要以男性、高学历、青少年群体为主。在参与过的居民中,超过一成的运动参与频次较高(每年数次及以上),另外的三成仅仅为体验性地参与该类运动,这些人基本都在 18 岁以前开始首次体验冰雪运动。说明运动参与还是"个别"现象,运动普及程度不高。从参与时间和频度上看,居民参与的个体间的差异较大。

　　在冬季适宜的季节,居民参加冰雪运动大致人均 3 次,运动时间合计大概在 300 分钟。上述统计是冰上和雪上两项运动的合计,参与形式包括冰雪嘉年华、公园湖泊的自助式运动和俱乐部的正规运动等所有运动方式的合计。但无论参与频度还是参与时间,个体间的差异都非常大。喜欢观看冰雪运动的北京居民占比接近 1 成,从不观看的占比大致 15.5%,超过半数处于偶尔或有时观看的状态。

在北京居民的家庭中,父母经常带孩子参加冰雪运动的大致占 2.9%,"从不"的不到四成。有一成半的家长带孩子参加正规的冰雪运动训练,其余均为体验性或娱乐性的亲子参与,距离规范性和专业性的运动参与还有较大差距。

从间接参与的角度来看,也就是观看和欣赏冬奥项目的角度看,北京居民还未形成经常观看和观赏冰雪运动比赛的社会氛围,"经常观看"和"从不观看"冰雪运动的居民所占比例都不高,大多数居民仍处在"有时"或"偶尔"观看的中间状态。北京居民家庭内的冰雪运动的文化氛围不是很浓,不喜好冰雪运动的家庭占比接近 50%;北京居民冰雪运动参与冰上运动项目多于雪上运动项目。如 2018 年居民平均参与冰上运动项目的次数为2.33 次,而雪上项目为 1.17 次。

总体而言,北京居民参与冰雪运动的状况大致是:运动参与的频度和总体水平偏低,个体差异较大;父辈对子女运动参与的支持不够,子女体验性或娱乐性的运动方式距离规范性和专业性的运动参与还有较大差距;冰雪运动的家庭氛围有待加强。

6.2 不同参与水平的群体特征

对不同的冰雪运动参与水平而言,不同参与层次的群体的差异也比较明显。高频度运动参与群体多以男性为主,在年龄上青少年是主力,有较长教育年限的高学历者参与比例较高,大专和本科学历所占比例最高,并且大部分是有稳定工作和收入水平较高的有全职工作的居民。

随着年龄的增长,中、老年人的参与频度和参与水平明显低于年轻人,学历低、经济基础差、没有稳定工作收入的群体不参与冰雪运动的比例相对较高。有超过四成的青少年没有参与过冰雪运动,这是一个值得关注的现象。

6.3 影响北京居民冰雪运动参与的重要因素

根据实证调研数据,通过对居民冰雪运动参与影响因素的逻辑回归分析,梳理出北京居民参与冰雪运动的核心群体,以及影响运动参与的重要因素。

目前,北京居民参与冰雪运动的主要群体包括青少年群体、男性群体、接受过高等教育的高素质群体、具有一定社会地位的社会精英群体。

虽然影响不同群体运动参与的主要因素有所差异,但共同的影响因素也比较明晰,包括:是否能够获得便宜性的场地设施、休闲时间是否充分、是否拥有运动体验、是否激发起运动兴趣等。上述的影响因素所处的层面不同,解决问题的主体也会有所差异。

6.4 主办冬奥会情境下的社会心理

北京联合张家口主办冬奥会获得北京居民的普遍支持,该事件的社会认同度较高;北京居民支持政府主办冬奥会,对冬奥会的信息和筹备工作比较关心,但北京居民对北京冬奥的认知水平参差不齐;北京居民期盼北京冬奥会能够办成有中国文化特色的奥运会,绿色环保的奥运会,他们希望参与冬奥会,共享冬奥盛典。

家庭氛围能够反映出社会文化的微缩景观。从家庭角度来看,目前,北京居民的家庭冰雪运动文化氛围并不太好,将近半数的家庭没有人喜欢冰雪运动,父辈带子女参加运动的频度不高,支持子女参加专业化、规范化的冰雪运动训练的热情较低。从个体喜好的角度来看,北京居民特别喜好冰雪运动和不喜好冰雪运动的比例都不高,对冰雪运动的社会喜好处在"喜欢"与"不喜欢"的冷热点之间的中间段。可见,冰雪运动的社会文化氛围还不强,还有待提高。

信息和知识的传播媒介是塑造社会文化氛围的重要渠道。研究表明,北京居民应用最广泛的传播媒介是互联网、电视等新媒体(电子媒体),冰雪运动文化的专业讲座和专家咨询等专业化的人际传播渠道并没有得到重视。在人际互动层面,影响居民参与冰雪运动的重要他人是朋友、同学、兄弟姐妹等同辈群体,内群体的亚文化在发挥显著影响。

6.5 冰雪运动参与的社会需求

对于北京冬奥会的观众而言,"持票观众"是重要利益相关者,他们最关心的是,北京冬奥会期间的观赛交通、购票是否方便和门票价格是否合理三个方面的问题。因此,交通服务和赛事信息服务是重要的社会需求。

对于参加冰雪运动的居民而言,其需求可以从两个角度进行梳理。

一是,从运动参与的个体性需求来看,居民的需求主要包括三个方面:其一,客观条件需求:建设更多的便宜的冰雪运动场馆,具体而言就是希望在自己的"生活圈"内建设方便和适宜的运动场馆,以便能增强参与冰雪运动的体验;其二,主体性需求:掌握冰雪运动的知识、技能,获得美好运动体验,培养运动兴趣;其三,服务的需求:对于具备一定参与水平的居民而言,希望加强参与的组织性和专业性服务,有助于提高参与的质量。

二是,从加强冰雪运动普及的整个社会层面的需求看,需要推动大众逐渐建立冰雪运动参与的生活方式。生活方式的理论认为,休闲时间和收入的分配模式是区分不同生活方式类型的重要指标。目前,北京居民因为"工作太忙"和"经济条件不允许"而不能参加冰雪运动的比例还很高,说明北京居民的休闲生活不足,运动参与的经济投入较少,以冰雪运动为特色的体育生活方式还未成型。因此,引导居民主动投入时间和金钱,打造冰雪运动的休闲方式,建立冰雪运动的生活方式,是北京主办冬奥会的历史时刻的社会层面的需求。

6.6   冰雪运动参与的政策环境

冰雪运动在我国的普及程度不高。由于其受地理环境、气候条件、人文环境的影响,我国冰雪运动的开展主要在东北区域,如黑龙江、吉林以及辽宁,内蒙古、新疆、河北、北京也有部分的居民参与冰雪运动,在中南部地区,冰雪运动参与就很少了。

自我国申请承办 2022 年冬奥会后,国家开始注重冰雪运动的发展。为此,国家和一些地方还出台了相应的政策法规来保障冰雪运动的开展,特别是东北、华北、西北的发展。如国家体育总局出台了《冰雪运动发展规划(2016—2025 年)》,对我国群众冰雪运动、竞技性冰雪运动以及冰雪产业都提出了发展规划。相应的一些省份也出台了一些相关的政策鼓励冰雪运动的发展,如北京、天津、黑龙江、河北等地均根据国家和地方具体情况制定了相应的冰雪运动发展意见、纲要等文件,以促进地方冰雪运动的普及与发展。

北京市已出台《北京市人民政府关于加快冰雪运动发展的意见(2016-2022 年)》和 7 项配套规划,将冰雪运动发展纳入筹办 2022 年冬奥会大局。北京市目前已建立了冰雪运动发展联席会议制度。市体育局联合全市多家单位,已成功举办了三届北京市民快乐冰雪季,打造了 40 项市级冰雪体育赛事及群众冰雪活动,

13 个区创建了"一区一品"群众冰雪品牌活动,已举办 106 项区级冰雪活动;已组建了 5 支北京市级冰球和滑雪项目后备梯队、83 支区级青少年冬季项目运动队;大力开展冰雪进校园工作,命名了 52 所冰雪运动特色学校;统筹协调冰雪场地设施建设,全市已建有雪场 22 座、室内外冰场 71 片、嬉雪场地 37 个。

北京市冰雪运动推广普及活动走进了近百所学校,14 万名中小学生"上冰上雪"。近两年来,北京市通过开展冰上体验课、旱地冰球进校园、组建冰雪运动社团等多种方式推广普及校园冰雪运动,陆续走进了 16 个区的近百所学校,覆盖了 14 余万名中小学生。其中,雪上项目 8 万余人,冰上项目 5 万余人。

北京市通过以上措施,极大地推动冰雪运动在北京的普及,参与冰雪运动的人数增多,北京市民参与冰雪运动的热情日益高涨,"快乐冰雪季"参与市民达 450 万人次。

综上所述,随着国家和北京市对冰雪运动的普及与推广活动的不断推进,北京市居民对冰雪运动更加了解、喜爱,参与冰雪运动的人数不断增加,参与程度不断提升。可以预见,随着 2022 年冬奥会不断临近,北京市冰雪运动活动会不断增加,冬奥气氛会越来越浓,会有更多的居民参与冰雪运动。

北京居民对我国举行冬奥会的了解程度比较高,但是宣传还是不够到位。如北京的很多居民对我国举办冬奥会的时间、地点不了解。这说明我国的媒体对冬奥会还需进一步宣传。

7 冰雪运动参与中的问题

7.1 运动参与不足,参与层次偏低

调查数据显示,北京居民冰雪运动参与模式中存在的两个突出问题,是"运动参与不足""参与层次偏低"。"运动参与不足"主要表现在参与频次低,尚有大约六成的居民从没有体验过冰雪运动;"参与层次偏低"是指,大多数的冰雪参与为体验性的参与,与严格意义上的、有系统规范和技术标准的冰雪运动相去甚远。

在上述问题中,"运动参与不足"是一个需要解决的首要问题。除本次问卷调查的数据统计外,一些国际比较的结果也能说明参与不足的问题。以雪上项目为例:2013-2015 的三年中,我国雪场每年接待的健身人次分别为 900 万、1 030 万、1 550 万,数值逐年递增,但美国、法国、奥地利的滑雪度假游客均超过了5 000 万人次/年,差距显而易见。如果再考虑到人口基数,以百万人口为基本单位进行核算,这个差距会更明显。另一项国际比较也能说明问题,以 2015 年雪上项目的数据为例,占世界人口19.4% 的中国,其滑雪人口仅占世界滑雪人口的 2.8%。可见,我国冰雪运动普及与国外相比还有很大的差距,蕴藏的巨大红利尚未开启。

综上所述,要实现习近平总书记带动"三亿人口"参与冰雪运动的目标,北京作为冬奥会的主办城市,首先要解决的就是一个普及问题,在此基础上实现"普及"与"提高"的结合。北京推

动冰雪运动普及的关键结点是鼓励居民实现冰雪运动的"零体验"的问题，只有具备了体验的经验，才可能解决后续的"多体验"和"专业化参与"的问题。所以，增加"冰雪运动体验"是解决问题的前提和基础。

我国体育产业相关资料和数据表明，随着北京冬奥会的逐渐临近，京、津、冀、晋、蒙、鲁的冰雪产业投资呈现明显的增长势头。但是，根据北京居民运动参与不足和参与水平偏低的现实，建议市政府出台相关政策，将社会投资热情和资源适度引导到增强居民运动体验这样较低层面的投资领域，主动培育冰雪运动产业的社会基础。否则，如果不能解决冰雪运动体验和普及的问题，这些社会投资不能将经济目标植根于更加丰厚的社会参与的土壤，投资和产业化发展必将面临一个可持续性的难题。

7.2 运动参与的氛围相对薄弱，冰雪 文化建设有待加强

公众的参与和支持是主办冬奥会所依赖的重要社会文化，也是奥运遗产的一项重要指标。根据调查数据，超过90%的受访者支持北京主办奥运，不支持率仅占3%。很多受访者认为，举办冬奥会是促进我国冬季运动发展、提升社会认同与民族自豪感，彰显国家综合实力的重要历史契机。可见，北京主办冬奥会具有广泛的社会支持。

但从另一个方面来看，调查数据显示，喜爱冰雪运动和经常观看冬季奥运会比赛项目的观众的比例都不高。可见，公众这种对主办冬奥会的支持还停留在一种朴素的社会情感层面，还没有转化为对冬季冰雪运动的参与热情和参与行为，也就形成了支持冬奥的社会情感与参与冰雪运动的不足的这样一种复杂的社会心态。要实现从"情感"到"行动"的转化，就要加强冰雪运动的社会氛围和社会文化的建设。

深入分析大众的冰雪运动参与热情偏低的问题发现,从社会化的大众教育和传播媒介的两个角度来看,新闻媒体报道北京申奥信息和冬季运动知识的总量、频次还有待加强,报道质量有待提升。不仅如此,包括媒体宣传在内的各种社会动员方式亟待创新,传统的话语体系、动员模式可能在新媒体和新生代语境下失灵。在本课题的研究中,针对居民经常应用的媒介以及不同参与水平的群体的互动方式进行了初步探讨,希望这些数据能够为冬季冰雪项目的宣传和社会氛围的营造提供帮助。

7.3　校园内普及不足,冰雪运动的 "体教结合" 还需完善

除问卷调查外,专家访谈和实地考察的资料表明,自申办冬奥会成功以来,冰雪运动在北京的中小学得到一定的发展,出现了一些特色和亮点,例如,北京第 101 中学、中关村第二小学等,但场地限制、高成本和师资力量缺乏依然是束缚冰雪运动普及的重要障碍。在北京高校,综合性大学的冰雪课程少之又少,大学生群体对冬奥会和冬季运动的认知度、参与度也较低。可以说,学校在冰雪运动的教育、动员和组织方面仍然没有发挥应有的作用。

从专业人才培养的角度看,全国只有哈尔滨体育学院、东北师范大学体育学院和沈阳体育学院等几所东北地区的大学的冰雪运动学科设置相对完备,而关内体育类院校的相关人才培养远远滞后,北京市属相关体育院校的冰雪学院建设的师资力量非常匮乏。目前,专业体育院校在冬季运动的学术研究、课程设置、场地建设等方面显然重视不够、投入不足,制约了冬季运动专业人才的培养。

7.4　家庭内的冰雪运动参与氛围不足,代际传承仍是短板

　　调查的数据表明,家庭成员喜爱冰雪运动的人越多,家庭运动参与氛围越浓,个体参与运动的频度和水平也越高,说明了家庭在运动参与促进机制中的重要作用。但在北京的家庭,冰雪运动参与的氛围并不太好,喜好冰雪运动的家庭并不多,家庭对个体运动参与的支撑不足。

　　代际传承是子女实现社会化的重要渠道,但北京居民经常带子女参加冰雪运动的父母很少,子女参加运动的方式也多是休闲性和娱乐性的体验项目,距离较强规范性的运动参与还有很大的差距。可见,父母在促进青少年冰雪运动参与方面还应发挥更重要的作用和影响,研究和推广冰雪运动的"亲子参与模式"是保障运动参与可持续性的重要举措。

7.5　场地设施不完备,硬件资源的社会需求未得到满足

　　调研数据显示,场地设施不完备是影响居民参与冰雪项目的重要客观因素,居民对便宜的场地设施的社会需求强烈。

　　目前,就全国冰雪运动场地建设的规格和数量来看,与世界冰雪强国还有很大差距。以滑雪为例,我国每百万人口拥有 0.2 个滑雪场,黑吉辽为 1.71 个,京津冀为 0.67 个,北京每百万人口拥有 1.06 个滑雪场;而奥地利百万人拥有 31.75 个,瑞士为 24.25 个,加拿大为 8.23 个,意大利为 5.72 个。在规格方面,冰雪强国滑雪胜地大多拥有 80 ~ 150 条雪道,而我国最具代表性的亚布力滑雪场也仅有 14 条雪道。而且,国外滑雪产业基本上

都是采用"滑雪＋旅游""滑雪＋会展"等运动与社会文化相结合的融合性的发展模式,有力地吸引社会资源的融入,增强了冰雪运动的内涵和可持续发展的动力。可见,冰雪运动场地设施的建设和发展模式是一个需要统筹规划的重要问题。

8 对策和建议

综合分析北京居民运动参与的群体特征和影响因素,结合普及冰雪运动的社会、政策等环境条件,提出以下对策和建议。

一是,冰雪运动场地设施的便宜性属于客观条件因素,是普及冰雪运动的刚需,需要政府给予规划、资金、政策上的支持。本研究表明,从北京居民的角度看,场地设施不足是阻碍他们参与冰雪运动的共同障碍。在我国促进经济结构供给侧改革的战略背景下,冰雪运动的场地设施建设无疑有助于促进经济结构的升级,借主办冬奥之机增加冰雪运动场地设施是被调查的不同群体共同的愿景。因此,有以下政策建议:一是加大政府投入。建议政府主管部门对冰雪运动场馆建设进行系统筹划,除社会投入建设的纯商业化的场馆外,建设有政府背景的、有一定财政支持的运动场馆,满足普通大众花较少的钱就能参与运动的需求;二是要科学规划,对场馆建设做好顶层设计。冰雪运动场馆建设要根据区域的自然条件差异和运动项目的适配性进行科学布局和顶层设计,既要保证充足的保有量,满足社会需求,也应合理利用和改造夏奥会的运动场馆,避免盲目的重复建设所导致的浪费;三是加强运动场馆的“体育+”模式规划。建议借鉴国外冰雪运动场馆和滑雪小镇的成功经验,在规划场馆建设时,充分设计场馆使用的多元性、四季性,将冰雪运动与社会大型活动有机结合,拓展运动场馆的运行空间。

二是,工作太忙所导致的休闲时间少,这是一个社会性问题,也是个体主观因素和客观条件相互作用的结果。解决这个问题既要从客观上加大冰雪运动硬件设施的投入,让居民能够很方便地从事运动,降低运动参与的时间成本。同时,也要进行广泛的冰雪运动社会文化和社会氛围建设,帮助居民特别是高学历群体、高收入群体和其他社会精英群体从主观上充分认识到养成健康生活方式的重要性,讲好冰雪运动的故事,深刻解析冰雪运动的价值,将冰雪运动融入居民的休闲生活。

三是,下大力气解决影响冰雪运动参与者的主体性因素。普及冰雪运动的最终目标是帮助居民养成"冰雪运动的生活方式",提高居民身体健康水平,让大众通过运动参与而受益。生活方式理论认为,生活方式包括生活活动主体、生活活动条件和生活活动形式,其中,生活方式主体在养成个体的生活方式的过程中是发挥重要作用的影响机制,处于核心地位。在上述所论及的影响参与的各个因素中,因为"缺乏运动体验没有激发起运动兴趣"是属于运动参与者自身的主体性因素,也是居民是否选择运动参与的关键环节。因此,针对"如何激发首次运动参与的兴趣,并做出运动参与的选择"进行微观层面的剖析和解读,对相关主题进行有针对性的、更深层次的系统研究应该引起学界的重视。

四是,青少年学生群体是普及冰雪运动的关键,建议打造有中国特色的冰雪运动进校园模式,形塑北京冬奥会的珍贵遗产。本文的上述论证已经表明两个观点:其一,青少年是冰雪运动参与的主体,巩固并扩大这个冰雪运动参与的"核心群体"意义重大而深远;其二,在冰雪运动的高频度参与群体中,受教育年限越长,个体参与冰雪运动的比率越高,充分说明教育对运动参与的重要的、综合性的支撑作用。将两个观点结合来看,青少年群体既是目前运动参与的核心群体,又处在学习冰雪运动的黄金年龄阶段,还是正处在接收学校系统教育的生命历程之中,所以,校园内冰雪运动的开展状况对运动普及具有现实性和可持续性的重要影响。英国的经验表明,在学校普及冰雪运动是一项比较稳定的、不受 GDP 影响、效果明显且持续性强的成功举措。学校冰雪运动的良好局面不仅能够促进学生就学期间的运动参与,还会延续到他们进入中年后的可持续性的运动参与。但也应该考虑到,我国并非冰雪自然资源很充沛的国度,冰雪运动的社会文化背景和历史传统底蕴也相对较弱,在这种不利的现实状况下,如何发展校园冰雪运动是个难题。因此,建议探讨有中国特色的冰雪运动与学校教育相结合的路径和模式,发挥我国"大—中—小—幼"完善的教育链条的优越性,根据不同阶段的教育特性,安排不同层次、不同属性的冰雪运动参与、运动体验或运动游戏,统筹场馆、设施、师资、经费等必要的社会资源,打造有中国特色的校园冰雪运动和奥林匹克运动的教育模式,形塑北京冬奥的教育遗产,为在世界更广泛的区域普及冰雪运动提供全新的借鉴。

五是,家庭应该为普及冰雪运动发挥独特的社会化功能。冰雪运动对儿童和青少年的教育价值是多方面的,对子女进行家庭社会化发挥多元化的影响。因此,深度挖掘冰雪运动的文化内涵和价值体系,让整个社会充分认识到参加冰雪运动对青少年儿童健康成长的助益,特别是让家长能够体悟到冰雪运动对子女提升自我、扩大社会支持、集聚文化资源的重要促进作用,进而提高父母支持子女从事冰雪运动的意愿和行为,也是推动北京居民冰雪运动普及的现实性和持续性的对策。

六是,探讨将北京的冰雪运动普及与国家发展战略,与社会发展潮流相结合的融合发展模式。

冰雪运动的开展需要自然条件、场地设施、历史传承、社会文化等多方面多类别的资源的支持,因此,只有将北京的冰雪运动发展放到我国京津冀协同发展战略和东北老工业区经济结构升级转型的战略的大的背景下进行综合考量,才能够为北京的冰雪运动普及注入动力和活力。从区域经济发展态势看,辽宁、黑龙江、吉林、河北、内蒙古、山西均为资源大省或老工业基地,这些省市的 GDP 增速缓慢,没有真正找到经济发展的增长点,亟须进行经济结构的调整和供给侧改革。但上述省市拥有的良好的冰雪运动自然资源和丰富的专业人才储备,所以,在北京主办冬奥会的背景下,只有将北京的优势和需求与上述省市进行对接,在更广阔的平台运作才会为冰雪运动普及提供有力支持。

　　此外,冰雪运动普及并非一个孤立的存在,应该融入城市发展的轨道。我国冰雪运动的开展仍然停留在一种纯运动的、体验性的、季节性的单一活动,在一定程度上造成了体育与社会文化的脱节,与城市发展的脱离,限制了冰雪运动普及的空间。北京作为祖国的首都,作为主办夏奥会和冬奥会的唯一一座"双奥城市",作为具有全球影响力的国际化大都市,北京的发展水平和国际地位为冰雪运动开展提供了巨大的综合性资源和发展平台,因此,北京冰雪运动的普及和开展应借鉴国外先进经验,打造集运动、休闲、旅游、会展、国际会议于一体的,一年四季都充满活力的"冰雪＋度假""冰雪＋会展"等的融合发展的模式,将普及北京冰雪运动与城市发展紧密结合,让城市发展为冰雪运动的普及和发展提供强力的支撑。

参考文献

英文参考文献

[1] Blaxter, Milderd. Health and Lifestyles[M]. London: Bell, 1990.

[2] Cora L Craig, Adrian E Bauman. The impact of the Vancouver Winter Olympics on population level physical activity and sport participation among Canadian children and adolescents: population based study [J]. International Journal of Behavioral Nutrition and Physical Activity, 2014 (12): 107–124.

[3] D.W.Lawrence. Sociodemographic profile of an Olympic team[J].Public Health,2017 (148): 149–158.

[4] Downward, Paul. On Leisure Demand: A Post Keynesian Critique of Neoclassical Theory [J]. Journal of Post Keynesian Economics,2004,26 (3): 371–394.

[5] Erik Thibaut etl. Time and money expenditure in sports participation: The role of income in consuming the most practiced sports activities in Flanders[J]. Sport Management Review,2017 (20): 455‐467.

[6] Eric Zitzewitz. Nationalism in Winter Sports Judging and Its Lessons for Organizational Decision Making[J]. Journal of Economics & Management Strategy,2006 (15): 67–99.

[7] Javier Otamendi. Medal Shares in Winter Olympic Games

by Sport: Socioeconomic Analysis AfterVancouver 2010[J]. Social Science Quarterly,2014（6）: 598-614.

[8] Kim, Symons, Barry. Contrasting Socioeconomic Profiles Related to Healthier Lifestyles in China and the United States[J]. American Journal of Epidemiology,2004（2）: 159 .

[9] Louise L Hardy etl. Parental perceptions of barriers to children'sparticipation in organized sport in Australia[J]. Journal Paediatrics and Child Health, 2009（46）: 197-203.

[10] Lisa Farrell and Michael A Shields. Investigating the economic and demographic determinants of sporting participation in England [J]. Royal Statistical Society,2002（2）: 335 − 348.

[11] Malebo. Sport participation, psychological well-being and psycho-social development in a group of young black adults[J].Boloka institutional repository,2007（4）: 255-267.

[12] Mirowsky, Catherine . Education, social status, and health[M].New York: Aldine de Gruyter, 2003.

[13] Rabina Cozijnsen. The trend in sport participation among Dutch retirees[J]. Ageing & Society,2013（33）: 698-719.

[14] Simon Hart. London 2012 Olympic and Paralympic Games success brings record sport participation around England [J]. www.telegraph.co.uk/sport/olympics,2012-12-6.

[15] Snow Sports Industries America. SIA Snow Sports Industry Insights Study[online].https: //www.snowsports.org.

[16] Saint Onge, Jarron M.; Krueger, Patrick M. Education and Racial-Ethnic Differences in Types of Exercise in the United States[J].Journal of Health and Social Behavior,2011,52（2）: 197-211.

[17] Themis Kokolakakis etl. Analysis of the determinants of sports participation in Spain and England [J]. Applied Economics, 2012（44）: 2785-2798.

中文参考文献

[1] 白彩梅,马文飞.从身体活动的行为科学理论看影响参与体育锻炼的因素 [J].四川体育科技,2010（2）:42-45.

[2] 仇军.西方体育社会学 [M].北京:清华大学出版社,2010.

[3] 陈惟彬.冬奥带来冰雪产业黄金期 [J].中国经济周刊,2015（8）:22-23.

[4] 董欣.冬季奥运会举办城市的特征及其启示 [J].体育文化导刊,2013（7）:16-19.

[5] 凡勃伦.有闲阶级论 [M].北京:北京出版集团公司北京出版社,2012.

[6] 顾久贤.2022年冬奥会的举办对区域消费需求与行为影响的研究 [J].体育与科学,2016（5）:114-120.

[7] 顾海兵,张晓燕.冬奥会对北京经济的影响预测 [J].经济与管理研究,2016（9）:27-36.

[8] 姜广义.我国古代冰雪运动发展分析 [J].体育文化导刊,2012（5）:138-141.

[9] 江崇民等.2007年中国城乡居民参加体育锻炼现状分析 [J].体育科学,2009（3）:9-19.

[10] 刘大维,陆明涛.中国居民体育运动参与的二项逻辑回归分析 [J].武汉体育学院学报,2012（2）:48-53.

[11] 罗清杨.新媒介与消费:冰雪运动文化的中国化构建模式探照 [J].南京体育学院学报,2017（2）:76-80.

[12] 卢兆民等.我国冰雪运动对外交流研究 [J].体育文化导刊,2015（6）:5-7.

[13] 林显鹏.冬季奥运会可持续发展管理研究 [J].北京体育大学学报,2016（1）:13-19.

[14] 李宗浩等.后奥运时期我国冰雪运动可持续发展战略研

究 [J]. 武汉体育学院学报,2009（10）：13-19.

[15] 逯明智 . 北京冬奥会对群众体育发展的影响 [J]. 体育文化导刊,2016（1）：23-27.

[16] 陆建平,李宁 . 中国居民参与体育锻炼的特征研究 [J]. 体育文化导刊,2012（1）：36-39.

[17] 马毅,吕晶红 . 我国备战 2022 年冬奥会重点项目后备人才培养问题探究 [J]. 体育科学,2016（4）：3-10.

[18] 马江涛等 . 中国居民参加体育锻炼影响因素的序次逻辑回归分析 [J]. 成都体育学院学报,2014（9）：12-18.

[19] 马江涛 . 北京居民体育参与影响因素研究 [J]. 成都体育学院学报,2016（6）：60-66.

[20] 马克斯·韦伯 . 经济与社会 [M]. 上海：上海世纪出版集团,2013.

[21] 欧阳萍,陆海 . 高校退休教师参与体育锻炼情况研究 [J]. 广州体育学院学报,2009（2）：126-128.

[22] 邱招义等 . 我国 2022 冬奥会战略选择及项目布局的研究 [J]. 北京体育大学学报,2016（9）：126-131.

[23] 仇立平,肖日葵 . 文化资本与社会地位获得 [J]. 中国社会科学,2011（6）：121-135.

[24] 孙科 . 2022 北京冬奥会：改革·转型·引领 [J]. 体育与科学,2015（5）：1-9.

[25] 孙科 . 全民健身与冰雪运动发展 [J]. 体育文化导刊,2017（3）：1-4.

[26] 沈伟斌,姚利松 . 京津冀一体化体育服务产业集聚发展路径研究 [J]. 经济研究参考,2016（40）：59-64.

[27] 唐哲 . "北冰南展"的实施现状及拓展对策 [J]. 广州体育学院学报,2012（9）：72-75.

[28] 张铁民 . 2022 北京冬奥会背景下我国大众滑雪运动的参与现状分析 [J]. 中国学校体育,2016（1）：11-13.

[29] 赵一平,马力 . 大学生参与体育锻炼的调查与分析 [J].

北京体育大学学报,2005（7）.

[30] 张宝强,陈彦.清代冰上运动文化研究 [J].武汉体育学院学报,2014（12）：28-32.

[31] 赵晶等.冬季奥林匹克运动发展回顾与展望 [J].体育文化导刊,2013（4）：67-69.

[32] 赵晶,闫育东.我国冰雪运动人力资源储备与发展规划研究 [J].山东体育学院学报,2015（2）：51-54.

[33] 王诚民等.申办冬奥会对我国冰雪运动发展的影响 [J].体育文化导刊,2014（11）：53-56.

[34] 王海等.我国少数民族自治区冰雪运动后备人才培养现状研究 [J] 沈阳体育学院学报,2013（4）：133-136.

[35] 王锥鑫.我国冰雪运动竞技人才储备与发展路径研究 [J].南京体育学院学报,2017（4）：82-87.

[36] 王冠瑛等.秦皇岛冰雪运动发展状况的调查研究 [J].河北师范大学学报,2011（9）：536-540.

[37] 魏国英.女性学概论 [M].北京：北京大学出版社,2000：83.

[38] 王琪延,韦佳佳.北京市居民休闲时间不平等研究 [J].北京社会科学,2017（9）：4-14.

[39] 威廉·考克汉姆.医学社会学 [M].北京：中国人民大学出版社,2012.

[40] 王甫勤.社会经济地位、生活方式与健康不平等 [J].社会,2012（3）：125-143.

[41] 王则珊.试论体育兴趣、爱好与习惯 [J].体育科学,1992（4）：16-18.

[42] 王诚民.举办冬奥会对提升中国国际形象价值的研究 [J].体育文化导刊,2015（9）：1-4.

[43] 王忠瑞等.冰雪运动参与的影响因素及其组织化机制 [J].沈阳体育学院学报,2018（2）：1-6.

[44] 王崇喜等 . 受教育程度与健身意识和行为关系的研究 [J]. 体育科学 , 2004 , 24（8）: 17-20.

[45] 易剑东 . 论北京 2022 年冬奥会的价值和意义 [J]. 体育与科学 , 2016（9）: 34-40.

附件一：2016 调查问卷

冬奥会大众参与状况
调查问卷

S1. 问卷编号：_____

S2. 调查区／县：_____

S3. 调查社区：_____

S4. 访问员签名：_____

尊敬的居民：

为了了解北京居民对冬奥会的了解和参与现状，中国人民大学人文奥运研究中心编写了本问卷。您的合作对于我们了解情况和准确收集数据具有十分重要的意义，请您理解和支持我们的工作。

对问卷中的每个问题，回答没有对错之分，您只要根据您的实际想法和情况回答即可。请在符合您的想法或情况的选项上画圈。对于您的回答，我们将按照《中华人民共和国统计法》第三章第十四条的规定严格保密，请不要有任何顾虑。我们所收集的数据将用于科学研究和政策分析，数据是大量问卷信息的汇总，不会造成您个人信息的泄漏，请放心。

对您的合作和支持，我们表示衷心的感谢！

中国人民大学人文奥运研究中心
2015 年 11 月 25 日

A 部分

访问员注意：请用红笔圈选选项编号、填写答案。

A1.a.您上一周参加体育活动（包括滑冰、滑雪等运动）的次数大概是：＿＿＿次

b.其中，参加滑冰、滑雪等冰雪项目的次数加在一起大概是：＿＿＿次

→如果上一周没有参与过，请直接跳至 A5 题接着回答

A2.a.您上一周参加体育活动（包括滑冰、滑雪等运动）的时间总共大约是：＿＿＿＿＿＿分钟

b.其中，滑冰、滑雪等冰雪项目的时间总共大约是：＿＿＿＿＿＿＿＿＿＿分钟

A3.总体来说，您上一周参加体育健身活动的运动强度是：

[1] 小强度（不觉得累，心跳正常，也没有出汗）…………　1

[2] 中等强度（有点累，心跳加快，轻微出汗）…………　2

[3] 高强度（很累，心跳剧烈，汗流浃背）……………　3

A4.您上周是否进行过 3 次（及以上的）中等强度（及以上）的体育健身活动，且每次的持续时间都在 30 分钟以上？

[1] 是　……………………………………………………　1

[2] 否　……………………………………………………　2

A5.您经常参加的运动项目是？（多选，请在后面对应序号上画圈）

[1] 足\篮\排三大球项目………………………………　1

[2] 田径\游泳等体能类项目　………………………　2

[3] 乒乓球\羽毛球\网球等小球项目……………　3

[4] 健美操\广场舞\体育舞蹈等健身舞蹈类项目……… 4

[5] 健步走、散步等休闲类运动项目 …………… 5

[6] 长时间健身跑等时尚类项目 …………… 6

[7] 空竹\武术\甩鞭子等传统类健身项目……… 7

[8] 滑冰、滑雪等冬季冰雪运动项目 ………… 8

[9] 健身房中的有氧和力量练习等项目 ……… 9

[10] 其他………………………………… 10

A6. 您是否加入了健身俱乐部、社团或其他协会组织？

[1] 是 …………………………………… 1

[2] 否→选择此项者请直接跳至 A8 题接着回答 ……… 2

A7. 您加入的健身俱乐部、社团或协会组织的性质

[1] 单位组织的健身俱乐部、社团或协会组织………… 1

[2] 社区组织的健身俱乐部、社团或协会组织………… 2

[3] 自发组织的健身俱乐部、社团或协会组织………… 3

[4] 商业性的健身俱乐部 ………………… 4

[5] 体育管理部门,例如体育局下属的体育

协会或俱乐部 …………………………… 5

[6] 其他 ………………………… 6

A8. 您与健身同伴经常用什么方式进行沟通和交流？（多选题）

[1] 经常打电话交流 …………………… 1

[2] 通过 QQ 平台交流 ………………… 2

[3] 建立了健身微信,经常交流 ………… 3

[4] 健身时面对面口头交流 …………… 4

[5] 其他(请注明_____) ………… 5

A9. 请问,您认为阻碍您进行体育健身活动的因素是哪些(多选题):

[1] 没兴趣 ………………………… 1

[2] 没有自己喜欢的体育项目 ………… 2

[3] 没钱,经济条件不允许……………… 3

[4] 工作太忙 ·· 4

[5] 家务事太多 ·· 5

[6] 身体健康状况不允许 ······················ 6

[7] 附近缺乏健身设施 ···························· 7

[8] 缺乏专业的健身指导 ······················ 8

[10] 缺少组织,没人张罗 ······················ 9

[11] 其他(请注明＿＿＿＿＿＿＿＿＿) ··············· 10

A10. 您是否喜欢冬季冰雪运动项目,比如滑雪、滑冰,等等?

[1] 非常喜欢 ·· 1

[2] 比较喜欢 ·· 2

[3] 说不上喜欢或不喜欢 ······················ 3

[4] 不太喜欢 ·· 4

[5] 不喜欢 ·· 5

A11. 请问您参与下列冰雪运动的情况如何?（请圈选表中相应的选项号）

	每天	一周数次	一月数次	一年数次	从不
1. 高山滑雪	1	2	3	4	5
2. 冬季两项	1	2	3	4	5
3. 雪车	1	2	3	4	5
4. 冰壶	1	2	3	4	5
5. 自由式滑雪	1	2	3	4	5
6. 北欧两项	1	2	3	4	5
7. 花样滑冰	1	2	3	4	5
8. 冰球	1	2	3	4	5
9. 雪橇	1	2	3	4	5
10. 短道速滑	1	2	3	4	5
11. 钢架雪车	1	2	3	4	5
12. 跳台滑雪	1	2	3	4	5
13. 单板滑雪	1	2	3	4	5
14. 速度滑冰	1	2	3	4	5

A12. 您是否经常到现场或者通过电视、互联网等媒体观看冰雪运动项目比赛?

[1] 经常观看 ………………………………………… 1

[2] 有时观看 ………………………………………… 2

[3] 偶尔观看 ………………………………………… 3

[4] 很少观看 ………………………………………… 4

[5] 从不观看 ………………………………………… 5

A13. 您第一次参加冬季冰雪运动项目时大概多少岁?

[0] 从未参加过 ……………………………………… 0

[1] 0 ~ 6 岁 ………………………………………… 1

[2] 7 ~ 17 岁 ……………………………………… 2

[3] 18 ~ 40 岁 ……………………………………… 3

[4] 41 ~ 65 岁 ……………………………………… 4

[5] 66 岁及以上 …………………………………… 5

A14. 以下各位谁对您参加冬季运动项目的影响最大?

[0] 从未参加过 ……………………………………… 0

[1] 父母 ……………………………………………… 1

[2] 兄弟姐妹 ………………………………………… 2

[3] 亲戚 ……………………………………………… 3

[4] 朋友 ……………………………………………… 4

[5] 学校老师 ………………………………………… 5

[6] 同学 ……………………………………………… 6

[7] 其他人 …………………………………………… 7

A15. 请问,您认为阻碍您参加冰雪运动的因素是哪些(多选题):

[1] 没有学过,不会 ………………………………… 1

[2] 没有自己喜欢的冰雪项目 ……………………… 2

[3] 太贵,经济条件不允许 ………………………… 3

[4] 工作太忙 ………………………………………… 4

[5] 家务事太多 ……………………………………… 5

[6] 身体健康状况不允许 …………………………… 6

[7] 附近缺乏冰雪运动设施, 运动不方便 ……………… 7

[8] 缺乏专业的冰雪运动教练的指导 ……………… 8

[9] 缺少组织, 没人张罗 ……………… 9

[10] 其他(请注明_____) ……………… 10

A16. 在获取冬奥会知识上, 您对以下各种途径的使用情况是:

	每天	一周数次	一月数次	一年数次	从不
1. 报纸 / 杂志 / 书籍	1	2	3	4	5
2. 广播	1	2	3	4	5
3. 电视	1	2	3	4	5
4. 互联网(包括手机上网)	1	2	3	4	5
5. 手机定制信息	1	2	3	4	5
6. 宣传广告 / 宣传册子	1	2	3	4	5
7. 健身场所的健身指南	1	2	3	4	5
8. 咨询专业体育健身人员	1	2	3	4	5
9. 现场观看体育健身运动或比赛	1	2	3	4	5
10. 与别人讨论、交流健身知识	1	2	3	4	5
11. 参加专家举办的健身讲座	1	2	3	4	5

A17. 您家中有几位亲属喜欢冰雪运动

[1] 0 ……………………………………………… 1

[2] 1 ……………………………………………… 2

[3] 2 ……………………………………………… 3

[4] 3 ……………………………………………… 4

[5] 4 人或更多 ……………………………………… 5

A18. 您家中是否有未成年的小孩(不到 18 岁)_____个

[1] 有 ……………………………………………… 1

[2] 没有→选择此项者请直接跳至 B 部分题接着回答 … 2

A19. 家中小孩的性别

[1] 男 ……………………………………………… 1

[2] 女 ……………………………………………… 2

A20. 孩子所在学校是否有滑雪、滑冰等冰雪项目类的体育课

[1] 有 ⋯⋯⋯⋯⋯⋯⋯⋯⋯⋯⋯⋯⋯⋯⋯⋯ 1

[2] 没有 ⋯⋯⋯⋯⋯⋯⋯⋯⋯⋯⋯⋯⋯⋯⋯ 2

A21. 您是否经常带孩子参加冰雪项目的运动

[1] 经常参加 ⋯⋯⋯⋯⋯⋯⋯⋯⋯⋯⋯⋯⋯ 1

[2] 有时参加 ⋯⋯⋯⋯⋯⋯⋯⋯⋯⋯⋯⋯⋯ 2

[3] 偶尔参加 ⋯⋯⋯⋯⋯⋯⋯⋯⋯⋯⋯⋯⋯ 3

[4] 很少参加 ⋯⋯⋯⋯⋯⋯⋯⋯⋯⋯⋯⋯⋯ 4

[5] 从不参加→选择此项者请直接跳至 B 部分题接着回答 ⋯ 5

A22. 您带孩子参加的是什么性质的冰雪运动

[1] 娱乐性的冰雪嘉年华类的游戏活动 ⋯⋯⋯⋯⋯ 1

[2] 专业化的在冰雪运动俱乐部进行的正规训练 ⋯⋯ 2

[3] 休闲性的公园冰雪自助项目 ⋯⋯⋯⋯⋯ 3

[4] 其他(请注明_____) ⋯⋯ 4

A23. 您知道 2022 年冬奥会的主办城市吗?

[1] 知道 ⋯⋯⋯⋯⋯⋯⋯⋯⋯⋯⋯⋯⋯⋯⋯ 1

[2] 不知道 ⋯⋯⋯⋯⋯⋯⋯⋯⋯⋯⋯⋯⋯⋯ 2

如果您知道,请问是哪个城市?

A24. 您对 2022 年冬奥会的筹备工作了解吗?

[1] 非常了解 ⋯⋯⋯⋯⋯⋯⋯⋯⋯⋯⋯⋯⋯ 1

[2] 大概知道 ⋯⋯⋯⋯⋯⋯⋯⋯⋯⋯⋯⋯⋯ 2

[3] 不知道 ⋯⋯⋯⋯⋯⋯⋯⋯⋯⋯⋯⋯⋯⋯ 3

A25. 您对北京冬奥会会呈现哪些特征的看法是什么? (可多选)

[1] 中国文化 ⋯⋯⋯⋯ 1 [7] 安全有序 ⋯⋯⋯⋯⋯ 7

[2] 绿色环保 ⋯⋯⋯⋯ 2 [8] 引以为傲 ⋯⋯⋯⋯⋯ 8

[3] 参与共享 ⋯⋯⋯⋯ 3 [9] 终生难忘 ⋯⋯⋯⋯⋯ 9

[4] 百年冬奥 ⋯⋯⋯⋯ 4 [10] 节俭高效 ⋯⋯⋯⋯ 10

[5] 包容开放 ⋯⋯⋯⋯ 5 [11] 可持续 ⋯⋯⋯⋯⋯ 11

[6] 激情欢乐 ⋯⋯⋯⋯ 6 [12] 其他 ⋯⋯⋯⋯⋯⋯ 12

B 部分

B1. 您的性别：

[1] 男

[2] 女

B2. 您的出生年月是？【请记录您的阳历生日】

_____年____月

B3. 您目前的最高教育程度(包括目前在读的)是：

[1] 小学及以下

[2] 初中

[3] 普通高中／职业高中／中专／技校

[4] 大学专科(包括正规高等教育和成人高等教育)

[5] 大学本科(包括正规高等教育和成人高等教育)

[6] 研究生及以上

[7] 其他(请注明_____)

B4. 请问您目前的就业状况是：

[1] 全职工作

[2] 兼职工作

[3] 离退休(含内退)→选择此项者请直接跳至 B7 题接着回答

[4] 料理家务→选择此项者请直接跳至 B7 题接着回答

[5] 正在上学→选择此项者请直接跳至 B7 题接着回答

[6] 无工作(含失业、下岗)→选择此项者请直接跳至 B7 题接着回答

[7] 其他(请注明_____)→选择此项者请直接跳至 B7 题接着回答

B5. 请问您目前的具体职业是：

[1] 国家机关、党群组织、企业、事业单位负责人

[2] 专业技术人员

[3] 办事人员和有关人员

[4] 商业、服务业人员

[5] 农、林、牧、渔、水利业生产人员

[6] 生产、运输设备操作人员及有关人员

[7] 军人

[8] 不便分类的其他从业人员

B6.您目前工作的单位或公司的类型是:

[1] 党政机关

[2] 企业

[3] 事业单位

[4] 社会团体

[5] 无单位 / 自雇 / 自办(合伙)企业

[6] 军队

[7] 其他(请注明_____)

B7.您个人 2015 年全年的总收入大概多少元?【注意:这里的总收入既包括工资收入,也包括非工资收入,比如经营性收入、利息收入、股息与红利收入、保险收益、其他投资收入,出租房屋收入、离退休金、赡养收入、捐赠收入等。学生的生活费、奖学金、零用钱、兼职收入也包括在内。】

[1] 12 000 元及以下

[2] 12 001 ～ 19 000 元

[3] 19 001 ～ 24 000 元

[4] 24 001 ～ 30 000 元

[5] 30 001 ～ 50 000 元

[6] 50 001 元及以上

B8.您的户籍是?

[1] 北京本地

[2] 外地(省市)

再次感谢您的合作!

被访者的姓名:_____

联系电话:_____

附件二：2017 调查问卷

冬奥会大众参与状况
调查问卷

S1. 问卷编号：＿＿＿＿＿＿＿＿＿＿

S2. 调查区 / 县：＿＿＿＿＿＿＿＿＿

S3. 调查社区：＿＿＿＿＿＿＿＿＿＿

S4. 访问员签名：＿＿＿＿＿＿＿＿＿

尊敬的居民：

　　为了了解北京居民对冬奥会的了解和参与现状，中国人民大学人文奥运研究中心编写了本问卷。您的合作对于我们了解情况和准确收集数据具有十分重要的意义，请您理解和支持我们的工作。

　　对问卷中的每个问题，回答没有对错之分，您只要根据您的实际想法和情况回答即可。请在符合您的想法或情况的选项上画圈。对于您的回答，我们将按照《中华人民共和国统计法》第三章第十四条的规定严格保密，请不要有任何顾虑。我们所收集的数据将用于科学研究和政策分析，数据是大量问卷信息的汇总，不会造成您个人信息的泄漏，请放心。

　　对您的合作和支持，我们表示衷心的感谢！

中国人民大学人文奥运研究中心

2016 年 12 月 25 日

A 部分

访问员注意：请用红笔圈选选项编号、填写答案。

A23.a. 您上一周参加体育活动（包括滑冰、滑雪等运动）的次数大概是：_____次

b. 其中，参加滑冰、滑雪等冰雪项目的次数加在一起大概是：____次→

如果上一周没有参与过，请直接跳至 A5 题接着回答

A2.a. 您上一周参加体育活动（包括滑冰、滑雪等运动）的时间总共大约是：_____分钟

b. 其中，滑冰、滑雪等冰雪项目的时间总共大约是：_____分钟

A3. 总体来说，您上一周参加体育健身活动的运动强度是：

[1] 小强度（不觉得累，心跳正常，也没有出汗）………… 1

[2] 中等强度（有点累，心跳加快，轻微出汗）………… 2

[3] 高强度（很累，心跳剧烈，汗流浃背）………… 3

A4. 您上周是否进行过 3 次（及以上的）中等强度（及以上）的体育健身活动，且每次的持续时间都在 30 分钟以上？

[1] 是 ………………………………………………… 1

[2] 否 ………………………………………………… 2

A5. 您经常参加的运动项目是？（多选，请在后面对应序号上画圈）

[1] 足\篮\排三大球项目 ………………………… 1

[2] 田径\游泳等体能类项目 ……………………… 2

[3] 乒乓球\羽毛球\网球等小球项目 …………… 3

[4] 健美操\广场舞\体育舞蹈等健身舞蹈类项目……… 4

[5] 健步走、散步等休闲类运动项目 ················· 5

[6] 长时间健身跑等时尚类项目 ··················· 6

[7] 空竹\武术\甩鞭子等传统类健身项目············· 7

[8] 滑冰、滑雪等冬季冰雪运动项目 ················· 8

[9] 健身房中的有氧和力量练习等项目 ··············· 9

[10] 其他 ································· 10

A6. 您是否加入了健身俱乐部、社团或其他协会组织？

[1] 是 ·································· 1

[2] 否→选择此项者请直接跳至A8题接着回答 ········· 2

A7. 您加入的健身俱乐部、社团或协会组织的性质

[1] 单位组织的健身俱乐部、社团或协会组织 ··········· 1

[2] 社区组织的健身俱乐部、社团或协会组织 ··········· 2

[3] 自发组织的健身俱乐部、社团或协会组织 ··········· 3

[4] 商业性的健身俱乐部 ····················· 4

[5] 体育管理部门,例如体育局下属的体育协会或俱乐部 ··· 5

[6] 其他 ································· 6

A8. 您与健身同伴经常用什么方式进行沟通和交流？（多选题）

[1] 经常打电话交流 ······················· 1

[2] 通过 QQ 平台交流 ······················ 2

[3] 建立了健身微信,经常交流 ·················· 3

[4] 健身时面对面口头交流 ···················· 4

[5] 其他(请注明_____) ··············· 5

A9. 请问,您认为阻碍您进行体育健身活动的因素是哪些(多选题)：

[1] 没兴趣 ······························ 1

[2] 没有自己喜欢的体育项目 ··················· 2

[3] 没钱,经济条件不允许 ···················· 3

[4] 工作太忙 ··························· 4

[5] 家务事太多 ·························· 5

[6] 身体健康状况不允许 ················ 6

[7] 附近缺乏健身设施 ·················· 7

[8] 缺乏专业的健身指导 ··············· 8

[10] 缺少组织，没人张罗 ············· 9

[11] 其他(请注明_____)·········· 10

A10. 您是否喜欢冬季冰雪运动项目,比如滑雪、滑冰,等等?

[1] 非常喜欢 ·························· 1

[2] 比较喜欢 ·························· 2

[3] 说不上喜欢或不喜欢 ············· 3

[4] 不太喜欢 ·························· 4

[5] 不喜欢 ···························· 5

A11. 请问您参与下列冰雪运动的情况如何?（请圈选表中相应的选项号）

	每天	一周数次	一月数次	一年数次	从不
1. 高山滑雪	1	2	3	4	5
2. 冬季两项	1	2	3	4	5
3. 雪车	1	2	3	4	5
4. 冰壶	1	2	3	4	5
5. 自由式滑雪	1	2	3	4	5
6. 北欧两项	1	2	3	4	5
7. 花样滑冰	1	2	3	4	5
8. 冰球	1	2	3	4	5
9. 雪橇	1	2	3	4	5
10. 短道速滑	1	2	3	4	5
11. 钢架雪车	1	2	3	4	5
12. 跳台滑雪	1	2	3	4	5
13. 单板滑雪	1	2	3	4	5
14. 速度滑冰	1	2	3	4	5

A12. 您是否经常到现场或者通过电视、互联网等媒体观看冰雪运动项目比赛?

[1] 经常观看 …………………………………………………… 1

[2] 有时观看 …………………………………………………… 2

[3] 偶尔观看 …………………………………………………… 3

[4] 很少观看 …………………………………………………… 4

[5] 从不观看 …………………………………………………… 5

A13. 您第一次参加冬季冰雪运动项目时大概多少岁?

[0] 从未参加过 ………………………………………………… 0

[1] 0 ~ 6 岁 …………………………………………………… 1

[2] 7 ~ 17 岁 ………………………………………………… 2

[3] 18 ~ 40 岁 ……………………………………………… 3

[4] 41 ~ 65 岁 ……………………………………………… 4

[5] 66 岁及以上 ……………………………………………… 5

A14. 以下各位谁对您参加冬季运动项目的影响最大?

[0] 从未参加过 ………………………………………………… 0

[1] 父母 ………………………………………………………… 1

[2] 兄弟姐妹 …………………………………………………… 2

[3] 亲戚 ………………………………………………………… 3

[4] 朋友 ………………………………………………………… 4

[5] 学校老师 …………………………………………………… 5

[6] 同学 ………………………………………………………… 6

[7] 其他人 ……………………………………………………… 7

A15. 请问,您认为阻碍您参加冰雪运动的因素是哪些(多选题):

[1] 没有学过,不会 …………………………………………… 1

[2] 没有自己喜欢的冰雪项目 ………………………………… 2

[3] 太贵,经济条件不允许 …………………………………… 3

[4] 工作太忙 …………………………………………………… 4

[5] 家务事太多 ………………………………………………… 5

[6] 身体健康状况不允许 ……………………………………… 6

[7] 附近缺乏冰雪运动设施,运动不方便 …………………… 7

[8] 缺乏专业的冰雪运动教练的指导 ·················· 8

[9] 缺少组织，没人张罗 ·························· 9

[10] 其他（请注明 _____ ） ················· 10

A16. 在获取冬奥会知识上，您对以下各种途径的使用情况是：

	每天	一周数次	一月数次	一年数次	从不
1. 报纸／杂志／书籍	1	2	3	4	5
2. 广播	1	2	3	4	5
3. 电视	1	2	3	4	5
4. 互联网（包括手机上网）	1	2	3	4	5
5. 手机定制信息	1	2	3	4	5
6. 宣传广告／宣传册子	1	2	3	4	5
7. 健身场所的健身指南	1	2	3	4	5
8. 咨询专业体育健身人员	1	2	3	4	5
9. 现场观看体育健身运动或比赛	1	2	3	4	5
10. 与别人讨论、交流健身知识	1	2	3	4	5
11. 参加专家举办的健身讲座	1	2	3	4	5

A17. 您家中有几位亲属喜欢冰雪运动

[1] 0 ······································ 1

[2] 1 ······································ 2

[3] 2 ······································ 3

[4] 3 ······································ 4

[5] 4 人或更多 ······························· 5

A18. 您家中是否有未成年的小孩（不到 18 岁）_____ 个

[1] 有 ······································ 1

[2] 没有→选择此项者请直接跳至 B 部分题接着回答 ··· 2

A19. 家中小孩的性别

[1] 男 ······································ 1

[2] 女 ······································ 2

A20. 孩子所在学校是否有滑雪、滑冰等冰雪项目类的体育课

[1] 有 ······································ 1

[2] 没有 ··· 2

A21. 您是否经常带孩子参加冰雪项目的运动

[1] 经常参加 ·· 1

[2] 有时参加 ·· 2

[3] 偶尔参加 ·· 3

[4] 很少参加 ·· 4

[5] 从不参加→选择此项者请直接跳至 B 部分题接着回答 ··· 5

A22. 您带孩子参加的是什么性质的冰雪运动

[1] 娱乐性的冰雪嘉年华类的游戏活动 ················· 1

[2] 专业化的在冰雪运动俱乐部进行的正规训练 ········ 2

[3] 休闲性的公园冰雪自助项目 ······················· 3

[4] 其他(请注明_____) ················· 4

B 部分

B1. 您的性别:

[1] 男

[2] 女

B2. 您的出生年月是?【请记录您的阳历生日】

_____年____月

B3. 您目前的最高教育程度(包括目前在读的)是:

[1] 小学及以下

[2] 初中

[3] 普通高中 / 职业高中 / 中专 / 技校

[4] 大学专科(包括正规高等教育和成人高等教育)

[5] 大学本科(包括正规高等教育和成人高等教育)

[6] 研究生及以上

[7] 其他(请注明_____)

B4. 请问您目前的就业状况是:

[1] 全职工作

[2] 兼职工作

[3] 离退休(含内退)→选择此项者请直接跳至B7题接着回答

[4] 料理家务→选择此项者请直接跳至B7题接着回答

[5] 正在上学→选择此项者请直接跳至B7题接着回答

[6] 无工作(含失业、下岗)→选择此项者请直接跳至B7题接着回答

[7] 其他(请注明_____)→选择此项者请直接跳至B7题接着回答

B5. 请问您目前的具体职业是:

[1] 国家机关、党群组织、企业、事业单位负责人

[2] 专业技术人员

[3] 办事人员和有关人员

[4] 商业、服务业人员

[5] 农、林、牧、渔、水利业生产人员

[6] 生产、运输设备操作人员及有关人员

[7] 军人

[8] 不便分类的其他从业人员

B6. 您目前工作的单位或公司的类型是:

[1] 党政机关

[2] 企业

[3] 事业单位

[4] 社会团体

[5] 无单位/自雇/自办(合伙)企业

[6] 军队

[7] 其他(请注明_____)

B7. 您个人2016年全年的总收入大概多少元?【注意:这里的总收入既包括工资收入,也包括非工资收入,比如经营性收入、利息收入、股息与红利收入、保险收益、其他投资收入,出租房屋收入、离退休金、赡养收入、捐赠收入等。学生的生活费、奖学金、零

用钱、兼职收入也包括在内。】

　　[1] 12 000 元及以下

　　[2] 12 001 ～ 19 000 元

　　[3] 19 001 ～ 24 000 元

　　[4] 24 001 ～ 30 000 元

　　[5] 30 001 ～ 50 000 元

　　[6] 50 001 元及以上

　　B8. 您的户籍是？

　　[1] 北京本地

　　[2] 外地（省市）

附件三：2018 调查问卷

A 部分

2018 年冰雪运动大众参与状况调查

您好，这里是中国人民大学中国调查与数据中心，我们目前正在做一项冰雪运动大众参与状况调查。很高兴您能参与此次调查。本次调查共 34 题，大概需要半个小时。每个问题的回答没有对错之分，您只要根据自己的想法和实际情况回答即可。这些问题只用于科学研究和政策分析，不会泄露您的个人信息，请您放心。

A1. 在一般情况下，您在每天的休闲娱乐时间里有没有从事以下活动？（多选，访问员逐个读出，选项设成随机顺序显示）

阅读 ·· 1

运动、健身 ·· 2

在家看电视、听音乐 ································· 3

逛街购物 ·· 4

出门看电影、比赛、音乐会等 ·················· 5

下棋、打牌、打麻将 ································· 6

上网、打游戏 ·· 7

与亲戚朋友聚会聚餐 ······························· 8

做手工、画画、书法等个人爱好 ··············· 9

A2.除了吃饭、睡觉、上班、上学、做家务以外,您一般情况下每天花在娱乐休闲上的时间大概有多久

____小时____分钟

A3.您有没有参加过以下这些冰雪运动?（如没有,跳至A17）

	有	没有
a. 滑雪	1	2
b. 滑冰	1	2
c. 竞技性雪车/雪橇	1	2
d. 冰壶	1	2
e. 冰球	1	2
f. 在公园或景区开展的冰雪嘉年华、冰雪大世界等观光体验性活动	1	2
g. 在自然环境中开发的狗拉爬犁、狗拉雪橇等地方性民俗冰雪运动	1	2

A4.您喜不喜欢上述这类冰雪运动?

非常不喜欢…………………………………………　1

不喜欢………………………………………………　2

说不上喜欢或不喜欢………………………………　3

喜欢…………………………………………………　4

非常喜欢……………………………………………　5

A5.2017-2018年的这个冬季,您有没有参加过上述这类冰雪运动?

参加了………………………………………………　1

没有参加……………………………………………　2

如没有参加,跳问A17

A6.2017-2018年的这个冬季,您参加过多少次冰上运动?

冰上运动____次

A7.2017-2018年的这个冬季,您参加过多少次雪上运动?

雪上运动____次。

A8.一般而言,您每次参加上述冰雪运动的时间大约有多长?　____小时____分钟

A9. 一般而言,您每次参加上述冰雪运动大概消费多少钱?

_____元

A10. 一般而言,您每次投入到冰雪运动上的消费在装备、门票、交通、住宿、或其他哪个方面花费第一多?

记录: __

第二多的是什么? __

第三多的是什么? __

装备·························· 1

门票·························· 2

交通·························· 3

住宿·························· 4

其他(请注明: _____)·········· 5

A11. 一般而言,您到常去的冰雪运动场所单程要花多少时间?

____小时____分钟

A12. 您参加的冰雪运动主要是由谁组织的(多选,随机顺序显示选项):

个人自发组织的·················· 1

公司单位组织的·················· 2

社区居委会组织的················· 3

由政府部门组织的················· 4

参加商业性质的健身俱乐部·········· 5

社会团体组织的·················· 6

其他(请注明: _____)·········· 7

A13. 您第一次参加冰雪运动时大概是多少岁? (高位补零)

____岁

A14. 下列人员中谁对您参加冰雪运动的影响最大?

没有人························ 1

家人························ 2

亲戚························ 3

朋友……………………………………………………………4

同事……………………………………………………………5

其他人(请注明：_____)………………………………6

A15.下列人员中谁经常和您一起参加冰雪运动?

没有人…………………………………………………………1

家人……………………………………………………………2

亲戚……………………………………………………………3

朋友……………………………………………………………4

同事……………………………………………………………5

其他人(请注明：_____)………………………………6

A16.您参加冰雪运动的主要目的都是些什么? (多选,随机顺序显示选项)

健康……………………………………………………………1

娱乐……………………………………………………………2

社交……………………………………………………………3

缓解压力………………………………………………………4

追求时尚………………………………………………………5

出于其他目的(请注明：_____)………………………6

A17.您认为阻碍您参加冰雪运动的因素有哪些? (多选,随机顺序显示选项)

不感兴趣………………………………………………………1

经济条件不允许………………………………………………2

太忙,没时间 …………………………………………………3

身体健康状况不允许…………………………………………4

附近缺乏冰雪运动设施………………………………………5

怕受伤…………………………………………………………6

其他(请注明：_____)…………………………………7

A18.您是否经常通过电视、互联网等媒体观看冰雪运动比赛?

经常……………………………………………………………1

有时……………………………………………………………2

偶尔·······················3

很少·······················4

从不·······················5

A19. 那么,您有没有亲自到现场观看过冰雪运动比赛呢?

有·······················1

没有······················2

A20. 您主要是通过哪些方式获取冰雪运动知识的?(多选,随机顺序显示选项)

报纸 / 杂志 / 书籍 ·······················1

广播·······················2

上网(包括手机上网、Pad 上网、电脑上网等)·············3

电视·······················4

健身场所的健身指南·······················5

咨询专业体育健身人员·······················6

以上都没有·······················7

其他(请注明:_____)·······················8

A21. 不包括您自已要内,在您的家人和亲戚中,喜欢冰雪运动的有多少人?

____人(高位补零)

A22. 您家里有没有正在上学的孩子?

有·······················1

没有······················2

如没有,跳问 A26

A23. 您的孩子所在学校有没有上述冰雪项目类的体育课?

有·······················1

没有······················2

不知道·······················3

A24. 您是否经常带孩子参加冰雪运动?

经常·······················1

有时·······················2

偶尔 ································· 3

很少 ································· 4

从不 ································· 5

如从不，跳问 A21

A25. 您带孩子参加的是什么性质的冰雪运动？

娱乐性的冰雪活动 ················ 1

专业规范性的冰雪运动 ············ 2

A26. 您知不知道我国要举办下一届冬奥会？

知道 ································· 1

不知道 ······························ 2

A27. 请问下一届冬奥会将在哪一年举办？（如答错，告知正确答案）

对（被访者回答 2022 年） ········· 1

错 ···································· 2

A28. 请问冬奥会每几年举办一次？（如答错，告知正确答案）

对（被访者回答 4 年）············· 1

错 ···································· 2

A29. 请问下一届冬奥会具体在哪举办？（如答错，告知正确答案）

北京 ································· 1

张家口 ······························ 2

北京和张家口 ······················ 3

不知道 ······························ 4

A30. 请问短道速滑是我国的优势项目吗？（如答错，告知正确答案）

是 ···································· 1

不是 ································· 2

不知道 ······························ 3

A31. 2022 年的冬奥会，您想通过什么方式观看比赛？

现场观看 ···························· 1

通过电视或者互联网观看……………………………… 2

不看比赛……………………………………………… 3

没想过………………………………………………… 4

B 部分

B1. 被访者的性别（访问员记录）：

男……………………………………………………… 1

女……………………………………………………… 2

B2. 请问您是哪年出生的？

_____年

B3. 您目前的最高教育程度是什么？

小学及以下…………………………………………… 1

初中…………………………………………………… 2

普通高中 / 职业高中 / 中专 / 技校 ………………… 3

大学专科（包括正规高等教育和成人高等教育）……… 4

大学本科（包括正规高等教育和成人高等教育）……… 5

研究生及以上………………………………………… 6

其他（请注明：_____）………………………… 7

B4. 您个人 2017 年全年的总收入大概多少元？

_____元

B5. 您觉得您目前的身体健康状况是：

很不健康……………………………………………… 1

比较不健康…………………………………………… 2

一般…………………………………………………… 3

比较健康……………………………………………… 4

很健康………………………………………………… 5

B6. 您目前的居住地是城市还是农村：

城市…………………………………………………… 1

农村……………………………………………………………… 2

B7. 您目前居住在哪个省 / 自治区 / 直辖市：

_____省 / 自治区 / 直辖市

B8. 请问您目前的工作状态是什么？

有工作(包括务农)…………………………………………… 1

退休…………………………………………………………… 2

上学…………………………………………………………… 3

无工作………………………………………………………… 4

其他(请注明：_____)………………………………… 5

感谢您的合作！

附件四：2018 访谈提纲

冰雪运动的大众参与研究调查访谈提纲

您好：

我是中国人民大学的研究生／研究员，现在在做有关冰雪运动的大众参与的一个研究调查。希望问您一些问题，请您根据您的实际情况真实回答，您的个人信息会被完全匿名和保密，请您放心！感谢您的支持与配合！

基本信息：

1. 姓名：_____

2. 您的年龄：_____岁

3. 家庭所在城区：_____

4. 您的职业：_____

5. 婚姻状况：_____

6. 受教育程度：a. 硕士及以上（包括在读）；b. 本科（包括在读）；c. 专科（包括在读）；d. 高中（包括在读）；e. 初中及以下（包括在读）

7. 收入：_____／年

8. 参与冰雪运动的类型：a. 冰上运动；b. 雪上运动；

9. 您滑雪／滑冰的频率：a. 每年一到三次；b. 每年四次到或十次；c. 每年十次以上

10. 您平均每次滑雪 / 滑冰的时间约为：

a.0 至 2 小时　b.3 至 5 小时　c.5 至 10 小时　d. 一天以上

11. 通常情况下和谁一起去滑雪 / 滑冰？

12. 通常去滑雪 / 滑冰会选择怎样的交通方式？

13. 选择去一个雪场比较关注哪些方面(地区、环境、景色、基础设施和装备、服务质量、口碑、价格)？ 为什么？

14. 您去滑雪 / 滑冰是自带装备还是租赁？ 自带的装备都有哪些？

15. 对于滑雪服、滑板、头盔等装备的选择更关注哪些方面？更倾向于选择什么类型或品牌的装备？ 为什么？

16. 一般是通过什么渠道购买门票？ 装备呢？

冬奥契机

1. 您这样参与滑雪 / 滑冰已经坚持了多久？

2. 是否感觉到成功申办 2022 冬奥会以来人数的变化？ 价格的变化？

3. 你如何看待这些变化？ 认为这些变化发生的原因有哪些？

4. 你认为北京冬奥会或者平昌冬奥会对你的生活有影响吗？

5. 相应的赛事、活动是否增加？ 去看过有关冰雪运动的专业比赛吗？

参与动机

1. 您对国内外的冰雪文化了解有多少？ 是通过怎样的渠道了解到的？ 对哪一方面感兴趣？

2. 对冰雪运动的一个整体的印象和认识？

3. 为什么经常参与这类运动？ （兴趣、锻炼、跟风？ ）想通过参与冰雪运动收获什么？

4. 请你描述一个你参加过的印象深刻的一次冰雪运动。

5. 第一次参与是怎么样的情形？ （时间？ 谁带你？ 信息获

取渠道？职业？人生阶段？）详细讲述

6. 第二次第三次是在怎样的情形下去的？这项运动如何一步步演变成您的一种固定的生活方式？

7. 中间有无中断？为什么？如果有，后来又是如何开始的？

8. 您认为您能参与到这项运动并坚持下来（受媒体／同辈群体／家人／文化习俗等）谁对您的影响较大？

9. 在参与之后是否带动其他人参与了进来？（劝说过程？如何带动他进入？）

10. 每年平均参与的频率？觉得多还是少？为什么？

11. 每次滑雪之后的心情如何？你觉得是什么因素影响了你的心情？

12. 滑雪／滑冰之后是否会跟身边的人提起？是否会发送相关的状态到社交网络？

13. 向他们说完之后身边的人会怎么评论？社交网络的人通常怎么评论？

14. 你认为参与冰雪运动与其他的休闲健身方式相比，有什么区别？给你的生活带来了什么改变？从中收获了什么？

15. 参与冰雪运动有没有让你感觉到你和别人的不一样？更具有个性？

16. 你认为你是什么性格的人？生活态度是怎样的？你认为这与参与冰雪运动有关吗？

俱乐部文化

1. 您有没有加入相关的冰雪俱乐部？

2. 请详细介绍一下您加入的俱乐部（价位、服务体验、如何开展活动、运作形式）。

3. 你是怎样加入的？

4. 你认为俱乐部的成员关系如何？相处模式？成员之间有无攀比的行为表现？

5. 俱乐部的常规性活动是否每次都参加？如果不参加是否有心理压力或者别的感受？通常的活动形式是怎样的？大致流程（主办方、参与者、主持人、专业运动员等）？

6. 如何约定和俱乐部成员一起去滑雪？平时是怎么交流和沟通的？

7. 对俱乐部的认同程度？成员之间的关系有没有让你感觉到有归属感？

8. 成员们在冰雪运动之外是否有联系？如果有，到了什么程度？互送过礼物？可以借给其他人钱吗？私下有没有交流过别的话题？互相帮助过？

9. 俱乐部有没有组织你们参加过冰雪文化节？自己去过吗？介绍一下。

10. 在滑雪过程中会关注其他人的着装和装备吗？私下会和同伴讨论这些装备吗？你最喜欢什么样的装备？

11. 是否参加过相关的培训课程？参与频率？

12. 您一次运动的平均开销？每年花费在冰雪运动上的开销大概是多少？

13. 开销的构成？主要花在什么地方？冰雪运动的开销占生活总开销的大致比重？

14. 你觉得这些开销花的值吗？为什么？

15. 您认为您的收入处于哪一层次？和你周围的朋友相比呢？

16. 对自我消费理念的认知？（性价比／品牌／质量／个性或与众不同）

17. 您认为滑雪的开销需要与自己的收入水平相符吗？是否看重滑雪场的档次与服务水平？

18. 您认为来滑雪／滑冰的都是哪些群体？他们来的目的是什么？

19. 你觉得个人收入对滑雪／滑冰的影响大吗？你的同辈群体中有没有以经常滑雪／滑冰为荣的？你是什么看法？

20. 什么样的广告宣传最吸引你？（雪场、装备）
21. 讲述你最有成就感的一个经历（与冰雪运动有关）

补充

我的问题问完了,感谢您的回答,也许后期会就其中一些问题进行一个简短的追问,希望您能够理解和配合。再次感谢您!